마음챙김이 일상이 되면
달라지는 것들

마음챙김이 일상이 되면 달라지는 것들

지금 이 순간에
몰입할 때 생기는
내면의 힘에 관하여

The Gift of
Presence

캐럴라인 웰치 지음 | 최윤영 옮김

갤리온
GALLEON

매들린, 엘리자베스, 리사, 그리고 수에게 바칩니다.

이 책에 쏟아진 찬사

우리 모두에게 선물 같은 책이다. 과학적 이론과 여성들의 진짜 삶을 통해 마음챙김의 강력한 효과를 설명하고 있다. 이를 위해 저자는 각기 다른 배경을 가진 여성 100명을 인터뷰해 다양한 사례를 수집했다. 이 같은 저자의 노력은 마음챙김이 삶의 목적과 의미를 찾고, 우리 자신을 재충전하며, 삶의 방향을 전환하는 데 커다란 효과가 있음을 입증한다.

아리아나 허핑턴 | 허핑턴포스트 창립자 겸 CEO

읽고 또 읽고 싶은 책이다! 핵심은 지금 이 순간에 집중하는 것이 중요하다는 것. 저자는 마음챙김을 우리 삶의 방식으로 끌어들이라고 조언한다. 마음챙김으로 우리는 훨씬 더 안정되고 편안한 삶을 누릴 수 있다. 심신의 건강을 강화하는 데 이보다 더 좋은 방법은 없다.

골디 혼 | 배우, 『10분 명상』 저자

인생에서 무엇이 중요한지, 무엇을 좇으며 살아가고 있는지 우리는 쉽게 잊어버린다. 이 책은 마음챙김을 통해 우리 스스로 각자의 삶에 온전히 집중할 수 있음을 보여준다. 저자는 형식적인 수련은 물론 일상 속에서 틈틈이 실천하는 비형식적 수련을 통해서도 얼마든지 마음챙김을 실천할 수 있음을 이야기한다. 내 삶의 진정한 목적을 다시금 찾고 싶다면, 이미 내 안에 가득한 자원을 불러내고 싶다면 꼭 읽어보라고 추천하고 싶다.

타라 브랙 | 임상심리학자, 『받아들임』, 『끌어안음』 저자

마음챙김에 관한 캐럴라인 웰치의 모든 지식이 총망라된 이 책은 수많은 역할 속에서 늘 분주히 살아가는 이들을 마음챙김의 세계로 초대한다. 각종 스트레스에서 벗어나 평화롭고 안정적인 삶을 살아가기 위한 방법이 소개되어 있다. 저자는 동양과 서양의 문화를 폭넓게 경험한 식견을 바탕으로 삶의 다양한 요소에 관해 현명하게 조언한다. 독자들은 한 개체로서의 자신의 존재를 새로운 시각으로 바라보게 될 것이다.   ·

다이앤 애커먼 | 『주키퍼스 와이프』, 『감각의 박물학』 저자

저자는 마치 여동생이나 친구에게 말하듯 부드럽고 친절하게 하나하나 설명해준다. 마음챙김에 관한 가장 친절한 안내서이다. 이 땅의 모든 여성을 향한 그녀의 진심이 느껴진다.

메리 파이퍼 | 임상심리학자, 『나는 내 나이가 참 좋다』 저자

저자는 각종 과학적 근거와 함께 다양한 배경을 지닌 100명의 여성들의 사례를 통해 삶의 목적을 찾는 방법, 삶의 방향을 과감히 바꾸는 용기를 갖는 방법, 우선순위를 설정하는 방법, 할 수 없는 건 과감히 거절하는 방법 등을 제시한다.

샤론 샐즈버그 | 명상 지도자, 『하루 20분 나를 멈추는 시간』 저자

마음챙김이 삶을 어떻게 변화시키는지 제대로 보여주는 책이다. 삶의 전환기에 있는가? 그렇다면 반드시 이 책을 읽어야 한다. 어떻게 하면 뚜렷한 목적을 갖고 제대로 살아갈 수 있는지 그 해답을 찾을 수 있을 것이다.

디에고 페레즈 | 『인워드』 저자

선물 같은 책이다. 마음챙김을 누구라도 알기 쉽게 설명하면서 일상에서 실천할 수 있는 다양한 방법을 소개한다. 수많은 역할 속에서 허둥대며 살아가는 여성들에게 어떻게 하면 현재에 집중할 수 있는지 명쾌한 해답을 제시한다.

수전 바우어우 | 마인드&라이프 연구소 소장

저자는 마음챙김의 효과를 소개하며 누구나 이해하기 쉬운 담론을 제시한다. 지금 이 순간에 몰입하지 않으면 어떤 일에도 집중할 수 없고 그 누구와도 효과적으로 소통할 수 없다. 책에서 등장하는 수용적 자각은 아주 쉬운 개념이지만 이것을 일

상 속으로 끌어들이려면 반드시 마음챙김을 실천해야 한다. 이 책은 그 방법을 아주 단순하고 명쾌하게 제시하고 있다.

드류 핀스키 | 의학박사, 『더 미러 이펙트』 저자

마음챙김을 통해 삶이 어떻게 변할 수 있는지 구체적으로 제시한다. 각종 이론과 과학적 사실을 바탕으로 일상 속에서 마음챙김을 실천할 수 있는 방법을 안내한다. 대인관계나 삶의 목표를 좀 더 효과적으로 달성하고 의미 있는 삶을 살아가고자 하는 사람이라면 누구에게나 추천하고 싶다.

바버라 내터슨 호러위츠 | UCLA 교수, 『의사와 수의사가 만나다』 저자

마음챙김을 통해 여성들이 좀 더 의미 있는 삶을 살아가도록 독려한다. 과학적 근거를 바탕으로 누구나 실천할 수 있는 쉽고 간단한 방법을 소개한다. 반드시 읽어볼 것을 추천한다!

다이애나 윈스턴 | UCLA 마음챙김 연구소 교육부장

마음챙김을 실천함으로써 삶의 목적에 좀 더 가까이 다가갈 수 있음을 설파한다. 과학적 이론과 구체적인 사례로 그 방법을 세세하게 설명하고 있다.

진델 시걸 | 토론토대학교 교수, 『마음챙김을 통한 우울증 극복』 저자

꼭 추천하고 싶은 책이다. 저자는 자신의 이야기에 더해 다양한 여성들을 직접 인터뷰함으로써 명상의 효과와 실천 방법을 구체적으로 소개한다. 이와 함께 과학적 개념과 근거를 바탕으로 어떻게 하면 지금 이 순간에 집중하며 살아갈 수 있는지 안내한다. 매 순간을 있는 그대로 받아들이는 연습은 좀 더 즐겁고 풍성한 삶의 토대가 될 것이다.

다이애나 챔프먼 월쉬 | 웨슬리대학 명예학장

저자는 최신 과학적 이론과 더불어 다양한 배경을 지닌 100명의 여성을 인터뷰함으로써 마음챙김이 우리 삶에 얼마나 강력한 효과를 나타내는지 설명한다. 이 책은 마음챙김의 지도 같은 역할을 한다. 삶의 목적을 잃고 방황하고 있다면 꼭 한

번 읽어볼 것을 추천한다. 여러분 삶에 그 무엇보다 귀중한 선물이 될 것이다.

엘리사 에펠 | UC샌프란시스코 교수, 『늙지 않는 비밀』 저자

마음챙김을 이미 실천하고 있는 사람에게도, 나처럼 계속 미루다가 실천하지 못하고 있는 사람에게도 꼭 필요한 책이다. 당신 안에 이미 갖고 있지만 발견하지 못했던 보석을 선명하게 보여준다. 그 보석, 곧 마음챙김은 삶의 여정을 지나며 보고 또 봐도 질리지 않는 청량제가 되어줄 것이다. 저자는 이 진리를 비 내리는 흐린 오후에 친구와 차 한잔하며 가볍게 이야기하듯 풀어내고 있다.

샐리 필드 | 배우, 『인 피스』 저자

삶의 활력과 회복력을 키우고 싶은 사람이라면 누구나 꼭 읽어야 할 책이다. 저자는 바쁜 현대인이 마음챙김을 어떻게 실생활에 적용할 수 있는지 과학적 근거를 바탕으로 설명하고 있다. 마음챙김을 실천하는 것만으로 심신의 건강은 물론 노화 속도까지 개선될 수 있다면? 지금 당장 실천하지 않을 이유가 없다!

마크 하이만 | 클리블랜드대학병원 전략혁신팀장, 『혈당 솔루션』 저자

저자 자신의 이야기는 물론 다양한 여성들의 경험을 통해 단순하지만 진심 어린 조언을 전하고 있다. 내 인생에서 무엇이 가장 중요한지 알고 싶은가? 그렇다면 이 책을 꼭 읽어보길 추천한다. 지금 이 순간에 집중하며 어떻게 내 자신을 돌봐야 하는지 그 비밀을 알게 될 것이다.

잭 콘필드 | 임상심리학자, 『마음의 숲을 거닐다』 저자

보통 사람들이 바쁜 일상에서 쉽게 실천할 수 있는 마음챙김 가이드북을 찾고 있다면 더 이상 헤맬 필요가 없다. 이 책 하나면 충분하다. 나와 내 주변에서 일어나는 일들을 어떻게 하면 좀 더 따뜻한 시선으로 평화롭게 받아들일 수 있는지 그 해답을 제시한다. 제대로 된 목표 없이 그저 다람쥐 쳇바퀴 돌듯 바쁘게 살아가는 현대인이라면 꼭 읽어봐야 할 책이다.

엘리자베스 레서 | 『부서져야 일어서는 인생이다』 저자

마음챙김에도 연습이 필요합니다

앗, 조금만 늦어도 비행기는 떠난다! 수많은 인파를 뚫고 넓은 공항을 내달렸다. 한 손에는 스마트폰을, 다른 한 손에는 커피를 들고 핸드백은 어깨에 둘러맨 채였다. 그런데 서점 가판대를 지나는 순간, 한 잡지의 표지가 시선을 사로잡았다. 커다란 공 위에 코끼리 한 마리가 위태롭게 서 있는 사진이었다. 표지에는 커다란 글씨로 이렇게 쓰여 있었다. "균형은 잊어라!" 나는 재빨리 계산을 하고 잡지를 손에 넣었다. 그 잡지는 〈하버드 비즈니스 리뷰〉였다. 균형을 잊으라는 짧은 문장에 왠지 모를 안도감이 들었다. 한결 위로가 되고 마음이 편안해졌다. 무엇 때문이었을까? 잠시 곰곰이 생각해봤다. 나는 여태껏 끊임없이 앞을 향해 달려가며 개인적인 삶과 직업인으로서의 삶의 균형을 맞추겠다는 마법을 원하고 있었다. 이룰 수 없는 것을 향해 질주하던 내게 균형을 잊으라는 한마디가 어떤 깨달음을 안겨준 것이다. 균형이란 둘 사이의 평형이 맞춰진 상태를 의미한다. 대체 인생의 균형을 맞추며 사는 사람이 과연 얼마나 될까?

우리는 살아가며 점점 더 많은 역할을 요구받는다. 그럴수록 압박을 느끼고 좀처럼 버텨내지 못할 것 같은 위기감을 느낀다. 주어진 시간에 비해 늘 많은 일을 해내야 한다. 이 경우 균형이라는 단어보다는 버텨낸다는 표현이 더 가깝다. 다른 사람으로부터, 그리고 나 자신으로부터 동시다발적으로 생겨나는 요구와 기대에 부응하기 위해서는 멀티태스킹을 할 수밖에 없다. 이 와중에도 우리는 삶의 균형이라는 헛된 구호를 좇는다. 그렇다면 우리가 마음의 평정을 찾도록, 혼란을 덜 느끼도록 도울 수 있는 방법은 없을까? 부담을 덜 느끼며 한결 편안하게 살아가도록, 중요한 것들에만 집중하도록 도울 수 있는 방법이 없을까? 몸과 마음의 건강을 유지하는 데 꼭 필요한, 그러면서도 일상에서 쉽게 실천할 만한 방법은 없을까? 당연히 있다! 마음챙김의 상태를 유지하는 것. 이를 통해 우리 삶에 꼭 필요한 것들을 얻을 수 있다.

마음챙김은 머릿속에 떠오르는 이런저런 판단이나 생각에 휘둘리지 않고 '지금 이 순간'에 집중하는 것을 뜻한다. 차분하면서도 분명한 마음 상태이며 무엇이든 받아들이는 열린 마음 상태이다. 마음챙김은 언제 어디서든 이용할 수 있는 인간의 '천연자원'이다. 특별한 장비도 필요 없다. 실제 연구 결과 마음챙김을 실천할수록 심신의 건강이 개선되는 것으로 나타났다. 마음챙김은 스트레스를 줄여주고 회복력을 높여준다. 마음챙김을 실천할 때 우리는 인생의 기복을 있는 그대로 받아들이게 된다. 그러면서 각종 난관을 극복하는 것은 물론 즐겁게 살아가는 방법을 터득한다. 마음챙김을 실천하면 다양한 성장과 변화를 경험하게 된다.

마음챙김을 실천하면 무엇이 달라질까?

- 습관화된 행동이 줄어든다.
- 중요한 것에 집중할 수 있게 된다.
- 죄책감 없이 거절하는 횟수가 늘어난다.
- 생각의 고리에 갇혀 있는 시간이 줄어든다.
- 남과 자신을 비교하지 않게 된다.
- 소중한 사람과 시간을 더 많이 갖게 된다.
- 지금 이 순간의 소중함을 알게 된다.
- 나를 더 아끼게 된다.
- 적시에 꼭 필요한 말을 하게 된다.
- 변화를 두려워하지 않게 된다.
- 회복할 수 있는 힘이 커진다.
- 인생의 기복을 있는 그대로 받아들이게 된다.

누구나 이런 효과를 경험할 수 있다. 이 책에서는 지금 이 순간에 집중하는 마음챙김의 실천이 우리 삶의 기본 틀로 잡혀가는 과정에 대해 알아볼 것이다.

일상생활에 적용할 수 있는 마음챙김의 예시를 한번 살펴보자. 만약 당신이 누군가와 대화하다가 말실수를 했다고 치자. 말을 내뱉은 즉시 실언임을 알아챘다. 누구에게나 이런 경험이 한두 번쯤은 있을 것이다. 그러나 한번 내뱉은 말은 다시 주워 담을 수 없다. 이런 상황에서 상대방의 말에 즉각적으로 반응하기보다 이 말을 해도 되는지 짧게라도 생각해봤다면 어땠을까? 잠깐이라도 생각해보고 말하는 것과 그러지 않는 것의 차이는 크다. 말을 뱉기 전에 하는 1초의 짧은 생각은 대화 과정에서 상당한 완충제로 작용한다. 무심코 내뱉으며 '반응'하는 것과 주의를 기울여 '대응'하는 것은 전혀 다르다.

이 책은 마음챙김이 왜, 그리고 어떻게 우리 삶에 영향을 끼치는가에 대한 궁금증을 해소하는 데 그 목적이 있다. "안 그래도 바쁜데 이런 것까지 실천할 여유가 될까?"라고 묻는다면 그 대답은 이렇다. "마음챙김은 우리 삶에 끼워 넣는 게 아니다. 스케줄에 포함시켜야 할 대상도 아니다. 마음챙김은 우리가 존재하는 방식이요 우리의 마음 상태다. 실천하면 할수록 일상 전반에 깊게 스며들 것이다." 마음챙김을 실천한다는 것은 더 많은 목표나 기준을 세우는 게 아니다. 할 일이 늘어나는 게 아니다. 우리가 마주하는 일상을 이전과는 다른 방식으로 바라봄으로써 마음의 평온을 되찾는 것이다. 이 책의 방법을 따라 하다 보면 당장 오늘부터라도 마음이 한결 편안해짐을 느낄 수 있을 것이다. 이 책은 당신에게 더 많은 것을 기대하지 않는다. 다만, 마음챙김의 새로운 세계로 당신을 초청할 뿐이다.

나는 지난 12년간 여성을 위한 마음챙김 워크숍을 수없이 진행했다. 그러면서 한 가지 사실을 발견했다. 참석자 대부분이 마음챙김의 이로움을 잘 알고 있었고, 요가나 명상 같은 수련 활동 경험도 있었다. 짧게는 몇 주, 길게는 몇 년씩 수련한 경우도 적지 않았다. 그러나 바쁜 일이 생기거나 일상에 변화가 생기면 너무도 쉽게 그만뒀다. 수련에 익숙하든 미숙하든, 시도했다가 그만둔 경험이 있든 없든 대부분의 사람은 현재 수련을 하고 있지 않다는 것에 죄책감을 느끼고 언제든 시작하고 싶어 했다. 이 책에서는 마음챙김 수련을 통한 일상의 작은 변화가 얼마나 커다란 영향을 끼칠 수 있는지 살펴볼 것이다.

나는 40여 년 전 일본 히로시마에서 영어 교사 생활을 하며 명상을 처음 접했다. 당시 학생 하나가 학교 근처의 붓쓰사라는 작은 사찰을 소개해주었다. 나는 매주 주말에 열리는 수련 활동에 참석했다. 일본어로 진행돼 알아듣기는 힘들었지만 3년간 꾸준히 수련을 이어나갔다. 다소 냉기가 도는 명상의 공간에서 모두가 침묵하는 가운데 느꼈던 평화가 나를 매주 그곳으로 인도했다. 명상은 한 번에 한두 시간씩 진행됐고 이후 사찰에서 다양한 활동도 즐겼다. 그때는 미국을 비롯한 전 세계에서 명상이 이토록 인기를 끌게 되리라고는 생각하지 못했다. 또한 내 일과 일상에 이토록 깊숙이 영향을 끼칠 것이라고도 상상하지 못했다. 당시 타국에서 기업소송 전문 변호사로 활동하며 지쳐 있던 내게 명상은 하루 중 내가 유일하게 기대고 의지하는 시간이었다. 그 시간을 통해 다시 나에게 집중하며 자신감을 회복할 수 있었다.

그러면서 나는 마음챙김이 우리의 일상에 어떻게 적용될 수 있는지 문득 궁금해졌다. 그래서 다양한 배경을 가진 100여 명의 여성들을 인터뷰하기 시작했다. 마음챙김이 이들의 삶 전반에 미치는 영향을 확인하고 싶어서였다. 이 여성들은 입을 모아 마음챙김이 심신의 건강에 핵심적인 역할을 한다고 말했다.

여성들의 배경은 모두 제각각이었다. 사는 곳과 나이, 인종, 국적, 사회적 위치, 직업, 삶의 단계, 성 정체성까지 무척 다양했다. 싱글맘인 베이자는 오랜 기간 금융계에서 일했지만 새장에 갇힌 듯한 답답함이 밀려와 병원 사무직으로 이직했다. 그리고 이제는 자신의 영혼이 채워지는 것 같은 삶을 살고 있다. 대학에서 영어 강사로 일하며 평탄한 삶을 살아온 멜리는 캘리포니아 산불로 하루아침에 집이 없는 신세가 됐다. 광고계에서 일하며 누구보다 열심히 살아온 다니엘라는 세 자녀 양육을 위해 결국 전업주부를 택했다. 심리치료사인 장 웨이는 남동생과 쌍둥이 여동생을 모두 잃었다. 심지어 여동생은 어린 두 자녀와 함께 동반 자살을 했다. 싱글맘인 과달루페는 의류업계에서 일하며 저녁이 없는 고단한 삶을 살아가고 있다.

서로 몹시 다른 이 여성들이 경험한 마음챙김 또한 가지각색이었다. 매일 형식적인 수련을 하는 사람에서부터 죄책감만 가진 채 실천은 못 하는 사람, 형식적인 수련은 못 해도 일상생활에서 비형식적 수련을 하는 사람까지 다양했다. 과달루페는 형식적인 수련 활동은 전혀 못 하고 있었다. 그러나 그 누구보다 지금 이 순간에 충실한 삶을 살고 있었다. 그녀는 매일 저녁 집으로 들어서기 전에 문앞에 서서 심호흡을 한 번 한다. 이 작은 실천으로 과달루페는 사춘기 딸의 모습을 있는 그대로 받아들일 수 있었고, 그 결과 모녀 관계도 훨씬 좋아졌다.

여기에 이 책이 전달하는 중요한 메시지가 있다. 마음챙김은 우리의 일상에 깊이 스며든다. 그래서 여러분도 이미 일상생활에서 마음챙김을 실천하고 있을지 모른다. 과달루페처럼 말이다. 이를 통해 마음챙김이 주는 강력한 효과를 인식하고 마음챙김을 여러분 삶의 한 방식으로 만들어가길 바란다.

나 역시 여러분들처럼 평범한 일상을 살아가고 있다. 전문가라고 별반 다르지 않다. 늘 뭔가에 쫓기든 정신없는 생활을 이어간다. 얼마 전에는 달력에 표시까지 해두었지만 결국 까맣게 잊어버린 일도 있었고, 공항에서 뛰다가 발가락이 부러지는 사고도 있었다(그렇다. 또 공항에서!). 하지만 그렇게 바쁜 날일수록, 너무 바빠 시간을 낼 수 없을 것 같은 날일수록 마음챙김을 실천하면 확실히 차이가 느껴진다. 어떤 차이일까? 단순하다. 마음이 차분해지면서 지금 내 상황에 집중할 수 있게 된다. 주변이 아무리 시끄럽고 복잡해도 내 마음만큼은 고요하다. 또 지치고 힘들어도 굳건한 회복력으로 앞으로 나아갈 수 있다. 집중력이 좋아지는 반면 매사에 민감하게 반응하는 모습은 줄어든다.

집에서나 직장에서 온종일 일하며 힘든 시간을 보내는 사람들이 있다. 또 남들보다 많이 일하고 월급은 적게 받는 사람도, 정당한 대우를 받지 못하고 짐짝 취급을 받는 사람도 있다. 신뢰할 수 없는 곳이지만 어쩔 수 없이 아이를 맡겨야 하는 경우도 있고, 보이지 않는 벽에 부딪쳐 힘겨운 시간을 보내기도 한다. 또 좀처럼 나아질 것 같지 않은 근무 여건 속에서 힘든 하루를 보내는 사람도 있다. 이런 상황에서조차 '지금 이 순간'에 집중하라고 말하는 건 아니다. 모든 게 잘될 거라는 헛된 희망을 주는 것도 아니다. 마음챙김은 만병통치약이 아니다. 우리가 삶에서 부딪치는 모든 문제를 마음챙김으로 해결할 수는 없다. 다시 말해, 우리는 이 세상에서 일어나는 일들을 통제할 수 없다. 그러나 나를 둘러싸고 일어나는 일, 그리고 내 안에서 일어나는 일들에 어떻게 반응할 것인지는 스스로 통제할 수 있다. 이를 정확하게 인지한 사람은 어떤 상황이든 편하게, 그러나 책임감 있게 받아들이게 된다.

나는 이 책을 여성을 염두에 두고 썼다. 물론 남성이 읽어도 충분히 유익한 내용이다. 실제로 내가 진행한 강의나 워크숍은 주로 여성 대상이었지만 꼭 남자들이 한두 명씩은 있었다. 아내나 딸에게 마음챙김의 이로움을 소개해주고 싶은 마음으로 참석한 이들이었지만, 그 어떤 여성 참가자보다 마음챙김을 잘 실천했다. 마음챙김에 대한 호기심과 알고자 하는 의지만 있다면 이 책에 쓰여 있는 내용 또한 열린 마음으로 받아들일 수 있을 것이다.

이 책에서는 과거와 현재, 미래라는 단어가 많이 언급된다. 이것을 떨어지는 물방울에 비유하면, 물방울의 세로축은 과거와 미래를, 가로축은 현재를 상징한다. 마음챙김을 실천한다는 것은 대개 평정심을 유지하는 상태로 묘사된다. 물방울을 마주할 때마다 지금 여러분이 마음챙김을 실천하고 있는지 확인해보기 바란다.

혹시나 해서 하는 말이지만, 물방울을 보면서도 딴생각이 드는 자신에게 실망하지 않길 바란다. 얼마 전 보낸 이메일이 떠오를 수도, 마감이 임박한 업무가 생각날 수도 있다. 이런 식으로 생각이 분산되는 건 아주 자연스러운 일이다. 인간은 깨어 있는 시간의 절반가량을 끝없이 이어지는 생각의 고리 속에서 보낸다. 그 생각은 되풀이되는 과거의 기억이 대부분이다. 이 책을 읽고 있는 지금, 주위가 산만해졌다고 느껴지는가? 그렇다면 자연스레 다시 책 읽기에 집중하면 된다. 자책할 필요가 전혀 없다! 잠시 멈추고 다시금 현실에 집중하면 된다. 이것은 비형식적으로 즉석에서 실천할 수 있는 마음챙김의 좋은 예다. 연습을 통해 다른 기술을 익히듯 마음챙김도 마찬가지다. 누구나 연습을 통해 지금 이 순간에 집중할 수 있다. 그러나 꾸준한 연습과 실천이 필요하다.

1장에서는 마음챙김과 그 실천 방법에 대해 알기 쉽게 설명했고, 2장에서는 마음챙김 방법 중 하나인 명상에 대해 이야기했다. 3장부터 5장은 마음챙김을 실천하면서 동시에 바꾸어나가야 할 것들에 대한 이야기다. 삶의 목적을 찾아야 한다는 것, 필요한 순간에는 삶의 방향을 바꿔야 한다는 것, 장기적인 안목으로 삶을 바라봐야 한다는 것. 마음챙김과 함께 좀 더 나은 인생을 살기 위한 아주 기본적이고도 핵심적인 내용들이다. 확실히 말하건대, 이 3가지 관점을 분명하게 인식하고 살아가는 인생은 이전의 인생과는 전혀 다르게 흘러갈 것이다.

이 책이 갈피를 잡지 못하고 우왕좌왕하는 여러분의 인생의 명확한 길잡이가 되어주기를 간절히 바란다. 자, 이제 본격적으로 시작해보자.

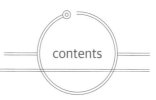

contents

이 책에 쏟아진 찬사 6
프롤로그 : 마음챙김에도 연습이 필요합니다 11

1장。｜ **마음챙김이 일상이 되면 달라지는 것들**

생각이 많으면 결코 행복할 수 없다 27
마음챙김이 일상이 되는 7가지 습관 35
작은 실천들은 어떻게 하루를 바꾸는가 53
과학이 들려주는 마음챙김 이야기 63
자기 자신을 좋아하기 힘든 이유 69
스트레스를 내 편으로 만드는 방법 76

2장。｜ **지금 이 순간에 몰입하는 연습**

초심자를 위한 아주 쉬운 명상 수업 83
명상이 절실한 순간 89
어느 게으른 수련자의 놀라운 변화 97
일상의 모든 순간에 마음챙김을 108
지금 이 순간에 몰입하면 건강해진다 121

3장。| 삶의 목적이 분명해야 달라진다

목적 없이 살면 안 되는 이유 135
가장 중요한 것만 남기는 기술 141
모든 것을 완벽하게 해내는 사람은 없다 151
죽을 때 가장 많이 후회하는 5가지 161
기쁨을 앗아가는 도둑, 비교 169
남의 기대에 맞춰 살아가면 벌어지는 일 175

4장。| 누구에게나 변화가 필요한 순간이 온다

삶의 프레임을 다시 짜야 할 때 183
이미 마음이 떠나버린 일을 계속하고 있다면 190
불확실한 것에 기꺼이 나아가라 197
실패에 대한 두려움 때문에 망쳐버리는 것들 203
삶의 전환기에 만나는 마음챙김 209
일하는 여자들이 변화에 대응하는 방법 217

5장. | 삶에서 가장 중요한 것, 마음의 평온

인생의 속도를 통제한다는 것 225

하루가 한결 편해지는 마법, 선택적 무시 231

어느 배우가 삶의 우선순위를 바꾼 이유 238

"다시 산다면 더 많은 실수를 저지르리라" 244

디지털 기기와 조금씩 거리두기 253

꼭 삶의 균형을 맞춰야 할까? 260

노년의 삶은 당신의 상상보다 훨씬 즐겁다 265

마음챙김을 위해 기억할 20가지 272

감사의 말 275

참고문헌 281

1장。

마음챙김이 일상이 되면
달라지는 것들

모든 게 완벽한 상태여야만
지금 이 순간에 몰입할 수 있는 건 아니다.

메리 파이퍼

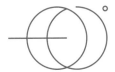

생각이 많으면 결코 행복할 수 없다

사람들의 머릿속은 늘 꼬리에 꼬리를 무는 생각으로 가득하다. 딱히 도움이 되는 생각도 아닌데, 이런 생각의 고리에 빠지면 좀처럼 헤어 나오기가 힘들다. '지금 이 순간'을 잊어버릴 만큼 강력하다. 우리가 보통 하루에 말로 내뱉는 단어는 약 1만 6천 개이고, 말하지 않고 생각으로만 표현하는 단어는 이보다 훨씬 많다. 헤아릴 수 없을 정도다. 한번 스쳐간 생각의 95퍼센트는 또다시 떠오른다. 이쯤 되면 무념무상의 경지는 요원하기만 하다.

뜻대로 일이 잘 안 풀릴 때는 현재의 상태에 집중하기가 더욱 어렵다. 지금 이 순간에 몰입하는 것이 그 어느 때보다 필요하지만 좀처럼 쉽지 않다. 오히려 최악의 순간을 상상하며 자신만의 생각에 빠져버린다. 이런 태도는 상황을 악화하기만 할 뿐 아무런 도움이 되지 않는데도.

나의 남편 대니얼 J. 시겔Daniel J. Siegel과 함께 미얀마를 여행했을 때의 일이다. 신경과학자인 시겔은 30년째 내 인생의 동반자이자 12년째 함께 일하고 있는 동료다. 당시 우리는 미얀마 양곤에 있는 쉐다곤 파고다를 방문했다. 황금이 씌워진 거대한 불탑은 압도적인 위용을 자랑했다. 2500년 역사를 지닌 이곳에서는 매일 아침 해 뜨는 시간이면 수십 명의 수도승이 모여 명상을 한다. 우리는 조용히 불탑 안으로 들어가 자리를 잡았다. 그런데 5분쯤 지났을까? 귀뚜라미 한 마리가 내 귓속을 파고들었다. 더 이상 얌전히 앉아 있을 수가 없었다. 녀석이 빠져나가려 파닥거리는 소리에 소름이 끼쳤다.

순간 머릿속이 요동치기 시작했다. '안 돼. 오늘이 돌아가는 날인데. 출국을 미루고 병원에 가봐야 하나? 그것도 쉽지 않을 텐데 어쩌지? 의사도 이런 환자는 처음 보지 않을까? 외과에서 수술을 받아야 하나? 수술을 받으면 아마 청력을 잃게 될 거야. 이런 일을 당했는데 멀쩡할 리 없잖아. 제발 이것 때문에 희귀병에 걸리지 않았으면…….' 이 모든 생각을 하는 데 3초가 흘렀다. 족히 15분은 걸렸을 법한데 말이다. 더욱 놀라운 건 귀뚜라미가 저절로 빠져나갔다는 사실이다. 나는 죽다 살아난 듯 안도의 한숨을 내쉬었다. 동시에 일어나지도 않을 극한의 상황을 멋대로 상상하며 소설을 써내려간 나 자신이 바보처럼 느껴졌다. 이처럼 우리는 최악의 상황이 유일한 결론인 것처럼 스스로를 몰아붙인다. 나만의 생각과 감정을 토대로 만드는 부정적인 시나리오는 상당히 구체적이다. 실제 상황이 어떻게 흘러가는지는 상관없이 말이다. 당신에게도 비슷한 경험이 있을 것이다.

우리는 종종 과거에 했던 선택을 다시 떠올리곤 한다. '이렇게 했다면 어땠을까? 저렇게 했다면 어땠을까?' 끊임없이 만약을 가정하며 좀 더 나은, 좀 더 완벽한 선택을 상상한다. 생각에는 일종의 자유의지가 있다. 그래서 불안한 미래를 상상하기도 하고 이미 끝나버린 과거에 집착하기도 한다. 이 사실을 제대로 인지하지 못하면 미래나 과거에 대한 자신만의 생각과 감정에 매몰되기 쉽다. 현재의 상황에 만족하지 못한 채 지금 이 순간을 완전히 벗어나는 것이다. 그러면서 일어나지 않을 법한 미래만을 상상한다. 꿈같은 행복이 현실이 되는 순간을 그리거나 현실성 없는 재앙과 위험이 닥칠 것을 두려워한다. 하지만 작가 마크 트웨인은 이렇게 말했다. "나는 수많은 문제를 상상하며 두려워했지만 대부분은 실제로 일어나지 않았다."

요컨대 끊임없는 생각의 고리는 우리가 지금 이 순간에 몰입하지 못하도록 방해한다. 그렇다면 과거나 미래가 아닌 지금 이 순간에 온전히 집중하는 방법, 마음챙김은 과연 어떻게 시작해야 할까? 마음챙김 명상의 창시자 존 카밧진Jon Kabat-Zinn은 마음챙김을 가리켜

"의도적으로 어떠한 판단도 내리지 않고 지금 이 순간에 집중할 때 얻는 깨달음"으로 정의했다. 그러면서 "마음챙김은 우리의 삶을 좌우할 정도로 아주 큰 영향을 끼친다"라고 덧붙였다. 이에 대해 마음챙김 강사 수전 바우어우Susan Bauer-Wu는 "마음챙김 상태가 되면 정서적 균형을 이루어 감정기복이 줄고, 어떤 일이 닥쳐도 넓은 마음으로 호기심 있게 바라볼 수 있는 아량이 생긴다"라고 설명한다. 즉, 부정적인 생각이 꼬리를 물고 이어지거나 정서적 방해물이 나를 잡아챌 때 스스로를 다잡을 수 있게 된다는 것이다.

마음챙김은 단순한 자각을 넘어 수용적 태도의 자각을 의미한다. 또 어떤 일 앞에서도 혼자만의 생각과 판단으로 흥분하지 않는 열린 마음 상태를 뜻하기도 한다. 이를 통해 좋은 일이든 나쁜 일이든, 나에 대해서든 남에 대해서든 그저 호기심 어린 마음으로 관대하게 받아들이는 것이다. 여기에서 주의할 점은 판단하지 않기 위해 노력하지는 않아도 된다는 것이다. 우리는 생각으로 늘 판단한다. 그것이 곧 생각의 역할이다. 그러므로 판단하지 않으려고 굳이 애쓸 필요가 없다. 대신 생각이나 기억, 감정 같은 수많은 판단은 어느 순간 왔다가 사라지는 정신적 활동일 뿐이라는 사실만 유념하면 된다.

딴생각에 빠지면 불행해지는 이유

이 글을 읽고 있는 지금 이 순간, 당신은 온전히 집중하고 있는가, 아니면 마음이 콩밭에 가 있는가? 머릿속이 온통 딴생각으로 가득하다면 당신은 존재하고 있는 것이 아니다. 가령 회의에 참석해 누군가와 마주 보고 앉아 있어도(물리적으로 함께 있는 상태) 생각이 다른 데 있으면 당신의 상태는 '부재'다. 이러한 문제는 늘 있어왔다. 최근 들어 디지털 기기 사용이 보편화되면서 몸과 마음이 같은 시간, 같은 장소에 있지 않을 가능성은 더욱 커졌다. 심리학자 매튜 킬링스워스Matthew Killingsworth와 대니얼 길버트Daniel Gilbert가 5천 명의 사람들을 분석한 결과 우리는 뭔가를 하고 있을 때 시간의 50퍼센트를 딴생각을 하느라 허비하는 것으로 나타났다. 즉, 지금 이 순간에 온전히 집중하는 시간은 절반에 불과하다는 것이다. 게다가 앞으로 더 많은 스트레스를 받을까 걱정하느라 80퍼센트의 시간을 써버린다. 스트레스를 피하려고 그토록 노력하면서 정작 우리 스스로 스트레스를 만들어내고 있는 것이다. 연구진은 '행복 추적기'라는 앱을 이용해 행복에 관한 데이터도 수집했다. 설문조사 참가자는 앱을 통해 자신이 어떤 활동에 참여하는지, 그 활동에 얼만큼 몰입하고, 얼마나 행복감을 느끼는지에 관해 응답했다. 그 결과 응답자의 47퍼센트가 무언가를 하며 딴생각을 한다고 대답했다. 심지어 응답자들은 성관계를 할 때나 다른 사람과 대화를 할 때, 운동을 할 때도 지금 이 순간에 온전히 집중하지 못한다고 답했다.

이와 함께 행위의 종류와 상관없이 자신이 뭘 하고 있는지 분명히 알고 있을 때 가장 행복감을 느끼는 것으로 드러났다. 공과금 납부처럼 아무리 지루하고 단순한 일이라도 그 순간에 집중하면 딴생각을 할 때보다 마음이 훨씬 안정된다는 것이다. 요컨대 우리의 정서적, 신체적 평화는 그 상황이 지루하든 재미있든 유쾌하든 불쾌하든 지금 일어나는 상황에 집중할 때 향상된다.

그렇다면 의도치 않게 딴생각에 빠지는 순간 우리는 왜 불행하다고 느끼게 될까? 지금 이 순간에 집중하지 않으면 금세 후회스러운 과거의 기억을 불러내거나 불안한 미래를 상상하기 때문이다. 이처럼 무심코 하게 되는 부정적인 생각들은 마음을 복잡하고 시끄럽게 만든다. 스트레스가 심한 상황에서는 더 쉽게 딴생각에 빠져든다.

누군가는 이렇게 생각할 수도 있다. '나는 몽상을 즐기는데? 추억을 회상하며 그저 생각이 흘러가는 대로 따라가면 마음이 한결 가벼워져.' 물론 그럴 수 있다. 이런 의도적인 몽상까지 하지 말라는 아니다. 의도적인 딴생각은 창의력이나 긍정적인 정서, 통찰력을 이끌어낼 뿐 아니라 그 자체로 휴식이 되기도 한다. 또 앞으로의 계획을 세우는 데 도움을 주기도 한다. 당신이 새로운 곡을 쓰기 시작한 작곡가라고 가정해보자. 이 경우엔 영감을 끌어올릴 목적으로 동네를 거닐며 다분히 의도적으로 이런저런 생각에 빠져들 수 있다. 혹은 다른 사람들과 다소 까다로운 문제에 대해 이야기를 나누고 머리가 복잡해졌다고 해보자. 그럴 때 가볍게 산책을 하며 자유롭게 생각을 풀어놓으면 마음이 여유로워져 상대방의 생각과 감정을 받아들이게 되기도 한다. 이처럼 뚜렷한 목적이 있는 경우 딴생각은 여러모로 득이 된다. 중요한 것은 딴생각의 의도가 무엇인지 스스로 알고 있어야 한다는 것이다.

마음챙김을 처음 시작한 사람은 자신의 인생이 완전히 바뀔 거라고 기대한다. 하지만 지금 이 순간에 몰입한다고 해서 바로 엄청난 변화를 맞이하는 것은 아니다. 여전히 말실수도 하고, 이웃집 소음에 새벽같이 잠이 깨면 짜증도 날 것이다. 살면서 겪는 이런저런 안 좋은 일도 피해갈 수 없다. 그렇다면 마음챙김을 경험하고 유지하려는 노력은 어떤 변화를 만들어낼까? 핵심은 감정과 경험의 관계가 바뀐다는 것이다. 더 많은 시간을 지금 이 순간에 쏟는다는 건 좀 더 유연하고 회복력 있는 존재로 성장한다는 의미이며 인생의 수많은 사건 앞에서 이전보다 좌절하는 횟수와 강도가 줄어든다는 의미다. 올해 아흔 살을 맞은 나의 시어머니 수 시겔은 마음챙김이 자신의 삶에 만들어낸 변화를 이렇게 표현했다. "귀찮고 성가시게만 느껴졌던 것들이 이젠 즐겁게 느껴져."

몸이 아픈 친구나 가족의 병문안을 갔다고 가정해보자. 누구나 한번쯤 겪을 수 있는 일이다. 마음챙김을 한다고 해도 여전히 힘들고 고통스러운 경험이다. 당신이 느끼는 슬픔은 크게 다르지 않을 것이다. 하지만 병문안을 마치고 병원 문을 나서는 순간, 마음챙김의 경험은 확실한 차이를 만들어낸다. 새가 지저귀는 소리, 혹은 이제 막 피어나는 라일락에 온전히 집중하게 되면 어두워졌던 마음이 다시 기운을 되찾는다. 이것이 마음챙김의 힘이다.

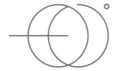

마음챙김이 일상이 되는 7가지 습관

마음챙김 기반 인지치료의 선구자 존 티스데일John Teasdale, 마크 월리엄스Mark Williams, 진델 시걸Zindel Segal은 마음챙김의 일반적인 특징을 7가지로 정의했다. 이제부터는 이 특징과 함께 마음챙김이 우리 일상생활에서 어떻게 전개되는지 살펴보자. 7가지 특징을 하나씩 상세하게 설명할 것이며 각 특징의 끝에는 '일상으로 끌어들이기'를 통해 구체적인 실천법을 소개할 것이다. 부디 가벼운 마음으로라도 조금씩 경험해보길 바란다. 이 작은 실천들은 마음챙김을 당신의 일상으로 끌어들이는 첫걸음이 될 것이다.

[1] 현재에 집중할수록 자동적인 행동은 줄어든다

우리는 대부분의 일상을 자동적으로 행동하며 보낸다. 걷고, 먹고, 출퇴근하고, 심지어 뭔가를 말할 때조차 스스로 뭘 하고 있는지 제대로 인식하지 못한 채 자동적으로 행동한다. 그저 판에 박힌 규칙과 습관대로 움직인다. 혹시 운전할 때 원래 가려던 목적지를 지나쳐 늘 가던 익숙한 길로 접어든 적이 있는가? 아니면 누군가에게 전화를 걸려다 의도치 않게 다른 친숙한 번호를 누른 적이 있는가? 좀 더 심각한 경우라면 운전을 하다가 문득 사이드미러를 통해 좌회전 깜빡이가 깜빡이는 것을 발견한 적이 있는가? 언제부터 켜져 있었는지도 모른 채 말이다.

이런 경험은 우리가 늘 일상에 급급해하며 현재에 집중하지 못하고 있음을 단적으로 보여준다. 물론 이것을 그저 바쁜 일상의 부작용쯤으로 대수롭지 않게 여길 수도 있다. 하지만 이런 경험은 특정 순간에 우리의 몸과 마음이 전혀 다른 곳에 존재한다는 사실을 나타내는 유용한 지표가 되기도 한다.

자동적인 행동을 멈추고 현재에 집중하기란 결코 쉽지 않다. 그러나 몸에 밴 습관대로 움직이기보다 목적과 의도를 갖고 행동하면 틀에 박힌 일상에 머무르지 않고 다음 행동을 스스로 선택할 수 있다. 반대로 늘 바빠 돌아가는 일상에 젖어 자동적으로 행동하다 보면 삶에서 중요한 것을 너무 많이 놓치게 된다. 마음챙김은 우리에게 새로운 시각을 갖게 한다. 그래서 매 순간이 처음인 것처럼, 매 순간을 다시 사는 것처럼 느끼게 된다.

일상으로 끌어들이기

일상에서 자동적으로 하는 행동을 하나 골라 충분한 시간을 갖고
온전히 느껴보자. 이를테면, 샤워를 할 때 피부에 닿는 물의 촉감
을 느껴보거나 운전을 할 때 운전대 위 손의 움직임을 느껴보는
것이다. 그리고 자동적으로 행동했을 때와의 차이를 생각해보자.
끈기 있게 지속하면서 행동의 개수를 하나둘 늘려보자.

[2] **기분과 감정에 집중할수록 생각에 빠져드는 정도가 줄어든다**

우리는 많은 시간을 혼자만의 생각에 빠져 보낸다. 직접 부딪치
기보다 머릿속으로 생각만 하며 온갖 상상에 빠져들곤 한다. 이는
곧 지금 이 순간에 집중하는 시간이 적다는 걸 의미한다. 더욱이 우
리는 실제로 느끼는 기분이나 감정에 대해서만 생각하는 게 아니라
머릿속 생각까지 스스로 만들어낸다.

이처럼 과도한 생각은 실제로 느끼거나 감지할 수 있는 능력을
압도한다. 그래서 특정 상황에 맞닥뜨렸을 때 지나치게 스트레스를
유발하는 쪽으로 해석해버리곤 하는 것이다. 예를 들어, 오늘 아침
길에서 만난 이웃 한 명이 나에게 인사도 없이 그냥 지나쳤다고 가
정해보자. 이후 다른 이웃들과 모임을 갖게 되면 나는 오늘 만난 이

웃의 무례한 행동에 대해 말할 것이고 사람들은 각자의 생각과 해석을 쏟아낼 것이다. 나 또한 온갖 추측을 하며 상상의 나래를 펼칠 것이고, 덕분에 하루 종일 머릿속이 복잡하고 어수선했을 것이다.

단 한 번의 상황은 수많은 생각과 해석을 낳는다. 그리고 상황 그 자체보다 이런 생각과 해석이 우리의 감정을 규정한다. 더 문제가 되는 건 때로 특정 상황을 스스로 어떻게 해석하고 있는지조차 제대로 인식하지 못한다는 것이다. 그러나 이 상황은 마음챙김이 제대로 효과를 낼 수 있는 지점이기도 하다.

자, 앞으로는 어떤 상황에 대해 상상의 나래를 펼치기 전에, 마음속에 느껴지는 감정을 먼저 알아차려보자. 이웃에 대한 소설을 쓰지 말고 스스로 질문을 던져보자. 내가 그 이웃에게 뭘 잘못한 것 같아서 불안한가? 그가 나를 싫어하는 것 같아서 서운한가? 무시당한 것 같아서 화가 나는가? 아니면 나를 못 보고 지나칠 만큼 깊이 생각할 만한 문제가 생긴 건 아닌지 걱정되는가?

즉, 자신이 '생각'에만 사로잡혀 있다는 사실을 깨닫고 나면 내가 느끼는 '감정'으로 주의를 돌려 그 상황과 직접 마주해야 한다. 감정을 제대로 인식하는 것이 지금 이 순간에 집중하는 출발점이다. 그러나 안타깝게도 이렇게 주의를 돌리는 능력은 그리 간단하게 얻어지지 않는다. 전등 스위치처럼 내 마음대로 아무 때고 켜거나 끌 수 있는 게 아니라는 뜻이다. 처음에는 쉽지 않을 수도 있다. 어렴풋이 감정을 느낀다 해도 확신을 가지기는 힘들다. 감정을 객관적으로 바라보는 일 자체가 어렵기 때문이다. 하지만 불가능하지는 않다. 시간을 들여 부단히 노력하고 개발하면 얻을 수 있는 능력이다. 나의 마음 습관을 새로이 들이는 일에도 시간과 노력이 필요하다는 인식을 가져보자. 마음챙김에도 꾸준한 연습이 필요하다.

일상으로 끌어들이기

모욕이나 무시를 당했거나 슬펐던 경험을 떠올려보자. 이때 내 마음속에서 일어나는 감정은 무엇인가? 화가 나는가? 슬픈가? 아니면 겁이 나는가? 각자 즉각적으로 나타나는 반응이 있을 것이다. 스스로 느끼는 감정을 제대로 인식하는 것은 현재에 집중하는 확실한 출발점이다.

[3] **현재에 집중할수록 과거나 미래에 묶여 있는 정도가 줄어든다**

현재를 살아간다는 건 저기 먼 곳이 아닌 지금 이 순간에 집중한다는 뜻이다. 이 책을 읽고 있는 지금, 당신은 이 순간에 집중하고 있는가? 아니면 눈으로 글씨를 따라 읽으면서도 실은 다른 곳에 정신이 팔려 있는가? 저녁으로 무엇을 먹을까를 생각한다거나 어제 봤던 영화의 한 장면을 떠올린다거나. 현대 기억 연구의 선구자 엔델 털빙Endel Tulving은 이 과정, 곧 우리의 생각이 현재, 과거, 미래를 떠도는 것을 '생각의 시간여행'이라는 말로 정의했다. 이것은 우리 뇌의 고유한 기능 중 하나로 인간을 다른 포유류와 구분 짓는 대표적인 특징이다. 정말 놀랍지 않은가? 오직 생각만으로 과거나 미래의 시간과 장소를 여행하면서 마치 그 순간에 가 있는 듯한 기분을 느낄 수 있다니 말이다. 단, 이 기능은 우리가 앞으로의 계획을 세우거나 지난 일로부터 교훈을 얻을 때만 유익하다. 다시 말해, 과거나 미래를 여행하는 것은 그것이 현재를 살아가는 경험의 일부로서 작용할 때 비로소 우리에게 도움이 된다.

현재에 집중해 있는 상태에서도 얼마든지 과거나 미래를 떠올릴 수 있다. 하지만 이때의 시간여행은 현재를 살아가는 경험의 일부라는 분명한 목적과 의도가 있다. 지금 이 순간에 몰입한 상태에서의 시간여행은 우리의 주의를 흩뜨리기보다 오히려 삶을 좀 더 나은 쪽으로 이끈다. 이와 달리 단순히 이미 지난 일을 곱씹는 것은 과거의 고통을 다시 경험하는 것과 마찬가지다. 또 막연히 미래를 걱정하는 것은 결코 일어나지 않을 극단적 상황을 불안해하는 것과 다르지 않다. 면접을 망쳐버린 기억을 떠올리거나 내 아이가 대학에 못 들어갈까 봐 염려하는 것 등을 예로 들 수 있다.

현재에 집중하지 않는 것의 또 다른 부작용은 내 주변에서 일어나고 있는 일들을 놓치기 쉽다는 것이다. 유행에 뒤처지는 것에 대한 두려움, 곧 FOMO^{fear of missing out}의 개념을 빌리자면 이것은 MOON^{missing out on now}으로 설명할 수 있다. 과거나 미래에 정신이 팔려 지금 이 순간 나를 둘러싼 일상을 놓치지 않도록 노력해야 한다는 것이다. 더욱이 현재에 집중하지 않으면 우리의 생각은 걷잡을 수 없이 부정적인 쪽으로 흘러간다. 심리학자 릭 핸슨^{Rick Hanson}이 『붓다 브레인』에서 언급했듯 인간은 부정적 편향을 갖고 있다. 같은 강도라고 해도 부정적인 생각이나 감정이 중립적, 혹은 긍정적인 생각이나 감정보다 우리의 심리 상태에 더 큰 영향을 미친다. 요컨대 우리의 행동은 긍정적인 감정보다 부정적인 감정에 더 쉽게 좌우된다.

그런데 이 부정적 편향이 인간의 생존에는 오히려 도움을 준다. 실수를 범하는 극단적인 상황을 늘 염두에 두기 때문에 생명을 위협하는 최악의 상황만큼은 피해갈 수 있다. 이처럼 부정적 편향이 인간의 생존 역사에 그 뿌리를 두고 있다 해도 과거의 실패나 미래에 대한 두려움을 끊임없이 되새기는 행위는 지나치게 소모적이다. 유감스럽게도 부정적인 생각에 매여 있으면 뇌도 부정적인 생각에 익숙해진다.

혹시 과거의 기억이나 미래의 생각은 떠올릴 때마다 변한다는 사실을 알고 있는가? 과거의 기억은 매번 새롭게 상기된다. 과거의 일을 어떤 식으로 기억하는가는 우리의 경험과 관계되어 있다. 그 일이 일어난 이후부터 지금까지, 또 마지막으로 기억을 떠올린 이후부터 지금까지 우리는 계속해서 새로운 경험을 하고 그 경험이 기억을 형성하기 때문이다. 마찬가지로 머릿속에 그리는 미래의 모습도 우리의 경험에 따라 매번 변한다.

일상으로 끌어들이기

나 자신을 시험해보자. 과거나 현재의 생각이 떠오르면 잠시 멈추고 들여다보자. 혹시 그것이 반복적으로 떠오르는 부정적인 생각은 아닌가? 우리는 누구나 습관적인 생각의 고리를 한두 개쯤 갖고 있다. 그래서 현재에 집중하지 않으면 나도 모르게 그 고리 속으로 빠져든다. 부정적인 생각의 고리에서 벗어나는 첫 번째 단계는 스스로 인식하는 것이다. '아, 내가 또다시 습관적 고리에 빠져버렸구나.' 그리고 우리가 현재라 부르는 지금 이 순간을 위해 잠시 그 생각을 멈추자. 하루에 한두 번이라도 생각을 온전히 지금 이 순간 여기에 집중하는 연습을 하고 그 횟수를 조금씩 늘려가면 당신의 자아는 빠르게 성장할 것이다.

[4] 현실을 있는 그대로 수용할수록 회피하는 태도가 줄어든다

우리는 누구나 회피하는 습관이 몸에 배 있다. 그래서 내키지 않거나 달갑지 않은 경험을 하게 되면 어떻게든 그 상황을 모면하고 싶어 한다. 그 순간만큼은 현실에서 벗어날 수 있겠지만 이는 문제를 해결하는 데는 아무런 도움이 되지 않는다. 이처럼 회피하는 습관은 인간의 타고난 성향으로 그 기원은 수백만 년 전으로 거슬러 올라간다. 당시에는 외부 세계로부터 스스로를 보호하려면 맹수나 산불 같은 위험한 상황은 일단 피하고 봐야 했다.

'파충류의 뇌'라고 불리는 인간의 심층부 뇌가 위험을 감지하면

신경 반응이 활성화돼 위험한 상황에 맞서거나 도망치거나 그대로 가만있거나 기절해버리는 등 다양한 방법을 모색하게 된다. 이때 전 두엽 피질, 곧 행동의 실행이나 이성적인 의사 결정 기능과 관계된 상위 뇌는 작동을 멈춘다. 심층부 뇌는 생존을 위해 행동을 장악해 버린다. 이것이 우리가 위험한 상황이 닥치면 순간적으로 발끈하거나 버럭 화를 내게 되는 이유다.

우리 뇌의 신속한 의사 결정 능력은 우리 몸을 안전하게 지켜내는 데 필수적인 역할을 한다. 심리 연구가 브레네 브라운[Brene Brown] 박사는 '돌진하는 곰'에 관해 이야기하며 이렇게 질문한다. "나를 향해 돌진하는 곰을 보고 잠시 멈춰 서서 저 곰이 혹시 채식하는 곰은 아닌지 궁금해해야 할까?" 너무도 당연하게 생사를 다투는 상황에서는 이런 고민을 할 여유가 전혀 없다. 인간의 감정을 연구하는 것이, 그리고 마음의 문을 열고 호기심 어린 태도로 접근하는 것이 유독 어려운 이유는 바로 이 때문이다.

그렇다면 회피하는 성향에 적절히 대처하는 방법은 무엇일까? 한마디로 '인정하고 길들이는 것'이다. 즉, 회피하고 싶은 상황 자체를 있는 그대로 인정해 현실로 받아들이면 된다. 그 상황에 지나치게 매몰될 필요도, 저항할 필요도 없다. 그 상황이 지금 내 몸과 마음에 어떤 영향을 끼치는지에만 주목하면 된다. 내가 처한 상황을 바꿀 필요도, 모면할 필요도 없다. 그저 있는 그대로 바라보기만 하자. 이것이 반응과 대응의 차이다.

이렇게 생각할 수도 있다. "왜 군이 안 좋은 소식까지 반겨야 하지? 왜 슬픔이나 고통, 실망의 감정까지 받아들여야 하지?" 우리는 당연히 좋은 소식을 더 선호한다. 그렇다면 삶의 긍정적인 부분에만 집중한 채 부정적인 모습들은 그저 무시하면 되지 않을까? 썩 유쾌하지 않은 경험을 피하고 싶은 건 당연한 것 아닌가? 결코 그렇지 않다. 장기적인 관점에서 이런 태도는 전혀 도움이 되지 않는다. 인간은 감정의 동물이기 때문이다. 물론 부정적인 상황을 피할 수는 있다. 그러나 회피는 상황을 더욱 악화시킨다. 피하려고 하면 할수록 우리는 더 지치게 되고 계속해서 안 좋은 감정만 생겨날 뿐이다.

자, 이제부터는 부정적인 감정을 느끼게 되면 그것을 극복하거나 멈추려 하지 말고 있는 그대로의 감정을 호기심 어린 태도로 관찰해보자. 내 마음속에 떠오르는 감정을 가감 없이 인정하면서 그것은 지금 이 순간 내가 느끼는 감정일 뿐 결코 내 모습 전체를 대변하지 않는다는 사실을 깨닫게 되면 나 스스로 감정을 정의할 수 있는 힘이 생긴다. 이처럼 순간의 감정에 몰입하다 보면 인식의 폭도 점차 넓어지고, 지금 이 순간에 몰입하는 강도나 횟수도 늘어난다. 부정적인 감정이 밀려드는가? 기꺼이 내 안으로 초대해보자. 이름을 불러주며 감정이 흘러가는 대로 지켜봐주자. 이런 태도는 감정 그 자체와의 관계 변화에 상당한 도움을 준다. 어려운 상황에 직면했을 때 무작정 외면하기보다 차분한 태도로 호기심 있게 접근하는 태도는 '자기 자비'와 직결된다. 자기 자비는 부정적인 상황을 회피하며 즉각적으로 '반응'하기보다 숨 한번 크게 들이쉬고 적절히 '대응'할 수 있는 촉매 역할을 한다.

부정적인 감정을 있는 그대로 받아들이려고 아무리 노력해도 좀처럼 떨쳐지지 않는다면 어떻게 해야 할까? 내 안에 계속 머물며 온 신경을 갉아먹다 보면 이대로 영원히 사라지지 않을 것 같은 불안이 엄습해온다. 특정 상황을 회피하려다 보면 다양한 신체적 반응이 나타난다. 온몸이 긴장하면서 얼굴이나 어깨, 각종 신체 부위가 뻣뻣하게 굳어진다. 이런 느낌 자체도 매우 언짢다.

이처럼 부정적인 생각에 갇혔을 때 다음 내용을 기억해보자. 벗어나는 데 도움이 될 것이다. 먼저 감정의 수명은 어느 정도라고 생각하는가? 아마 정답을 들으면 깜짝 놀랄 것이다. 아무리 나쁜 감정이라도 지속되는 시간은 90초를 넘기지 않는다. 작정하고 그 감정에 빠져 있지 않는 이상 말이다.

다음으로 우리가 바꾸려고 노력해야 하는 대상은 감정 그 자체가 아니라 감정과 나와의 관계다. 다시 말해, 핵심은 우리 인식 속에 감정을 머무르게 하는 방식이다. 부정적인 감정을 회피하지 않고 있는 그대로 받아들이면 즉각적으로 '반응'하기보다 적절히 '대응'할 수 있다. 이것이 곧 마음챙김의 핵심 개념이다. 우리는 일생 동안 부정적인 상황이나 감정을 필연적으로 겪게 된다. 게다가 그것을 내 마음대로 통제할 수도 없다. 하지만 그 어려움을 대처해가는 방식만큼은 내 의지대로 결정할 수 있다. 이에 대해 심리학자 샤우나 샤피로Shauna Shapiro는 이렇게 말했다. "매 순간 행복이나 사랑만 느끼고 살 순 없다. 중요한 것은 내게 오는 모든 감정에 집중하는 것이다. 화가 나는가? 그럼 당신의 화를 차분하게 들여다보자." 지금 이 순간에 집중하는 태도는 부정적인 상황을 새롭게 정의하면서 회피하거나 즉각적으로 반응하는 대신 있는 그대로 받아들이도록 돕는다. 또 긍정적이든 부정적이든 모든 경험을 그저 순수한 호기심과 열린 마음으로 대처할 수 있게 해준다. 이런 식으로 우리는 부정적인 상황과 감정에 대처하는 방식을 자유롭게 선택함으로써 스스로의 행복 지수를 조절할 수 있다.

일상으로 끌어들이기

마음속에 계속해서 떠오르는 부정적인 감정 하나를 선택해보자. 단, 마음챙김을 연습할 때는 서두르지 않고 되도록 천천히 시작하는 것이 효과적이라는 사실을 기억하자. 따라서 스스로 통제 가능한 범위의 감정을 선택하는 편이 낫다. 그 범위를 1부터 10까지로 둔다면 3, 4 정도가 무난하다. 부정적인 감정을 회피하거나 떨쳐내는 대신 가만히 지켜보자. 이름도 붙여주고 호기심 있게 관찰해보자. 그러면서 그 감정이 지속되는 시간이 줄어드는지, 감정의 정도가 약해지는지 살펴보자. 필요하면 몇 번이고 이 과정을 반복해보자.

[5] 있는 그대로의 상태를 받아들이면 상황이 분명해진다

마음챙김 강사들은 흔히들 이렇게 말한다. "있는 그대로의 상태를 받아들이세요." 그런데 티스데일, 윌리엄스, 시걸은 여기에 구절 하나를 덧붙여 이렇게 말한다. "이미 존재하는, 있는 그대로의 상태를 받아들여라." '이미 존재하다'라는 구절이 추가됨으로써 나는 비로소 이 문장이 완성되는 느낌이었다. 이 구절에는 '지금은 할 수 있는 게 없다'라는 뜻이 포함돼 있다. 따라서 내가 어떤 상황에 맞닥뜨리든 그 상태 그대로를 받아들이고 이미 지나가버린 과거를 쓸데없이 곱씹지 않도록 하는 데 많은 도움이 됐다. 이때 한 가지 주의할 것은 모욕적인 관계나 상황까지 이미 존재하는 그대로 받아들이라는 뜻은 아니라는 것이다. 그저 진실을 왜곡할 수 있는 개인의 판단 장치를 내려놓음으로써 상황을 좀 더 분명하고 정확하게 바라보라는 뜻이다.

마음챙김은 있는 그대로 받아들이는 태도다. 뭔가를 바꿔보겠다고 애쓰는 태도는 마음챙김과 거리가 멀다. 일단 받아들인 후 문제의 본질에 접근하면 변화는 자연히 따라온다. 반대의 순서는 통하지 않는다. 물론 각자의 여건이 다를 수 있다. 하지만 누구나 현재에 집중하는 데 필요한 건 모두 갖추었다. 따라서 마음챙김이란 지금 이 순간으로의 초대를 받아들이는 것이다. 단 몇 초의 짧은 시간이라도 현재에 집중하는 습관은 스스로의 삶을 좀 더 책임감 있게 느끼도록 돕고, 매 순간 즉각적으로 반응하기보다 차분하고 효과적으로 대

응하도록 한다. 마음챙김의 횟수와 강도를 늘려갈수록 다양한 삶의 경험을 열린 태도로 받아들일 수 있다.

일상으로 끌어들이기

정말 바꾸고 싶지만 그럴 수 없는 상황을 떠올려보자. 그 일이 생각날 때마다 스스로에게 이렇게 말해보자. "있는 그대로 두자." 그리고 그 상태를 기꺼이 받아들여보자. 비슷한 훈련을 반복하고 결과를 지켜보자. 이때 중요한 건 인내를 갖고 지속하는 것이다.

[6] 마음챙김은 생각에 대한 우리의 인식을 바꾼다

생각은 때로 현실처럼 느껴지곤 한다. 지금 이 순간에 집중하지 않을 때면 우리는 생각을 과잉 규정해버리곤 한다. 즉, 머릿속 생각을 현실, 혹은 나 자신과 동의어로 생각하는 것이다. 생각은 그저 마음의 부산물에 불과하다는 사실을 잊고 만다. 그래서 내 생각과 의견을 절대적 진실로 받아들인다. 하지만 결코 그렇지 않다. 개인의 생각은 진실일 수도 있지만 그렇지 않을 수도 있다.

작가 바이런 케이티Byron Katie는 자신의 생각을 아래의 질문으로 평가해보라고 제안한다.

• 내 생각이 진실인가?

• 내 생각이 진실이라는 것을 확실히 알 수 있는가?

• 내 생각이 진실이라고 믿을 때 나는 어떻게 반응하는가?

• 내 생각이 없다면 나는 어떻게 존재할 것인가?

이에 대해 케이티는 이렇게 설명했다. "내 생각이 진실이라고 믿었을 땐 무척 고통스러웠다. 하지만 그것을 그만두자 고통이 사라졌다. 이것은 모든 인간에게 공통으로 적용된다. 그래서 깨달았다. 고통은 개인의 선택이라는 것을."

캘리포니아대학교의 연구원 수전 스몰리Susan Smalley와 마음챙김 강사 다이애나 윈스턴Diana Winston은 『완전히 몰입하기』라는 책에서 자기 자신과 생각을 분리해 구분하는 방법을 마음챙김의 관점에서 알기 쉽게 설명했다. "여러분이 생각을 만들어낼 순 있다. 하지만 여러분 자체가 생각이 될 필요는 없다. 카메라가 작동하는 원리를 생각해보라. 카메라는 프레임 안의 모든 것을 보고 그대로 담아낸다. 하지만 초점을 맞추는 그 어떤 대상으로부터도 아무런 영향을 받지 않는다. 카메라는 그저 렌즈 앞의 모든 대상을 프레임에 담아낼 뿐이다. 생각을 대하는 방식도 이와 같아야 한다."

여기서 우리는 생각을 대하는 방식에 대한 힌트를 얻을 수 있다. 즉, 순간순간 스치는 생각은 마음의 부산물이라는 것이다. 우리가 하는 생각, 때로는 지나치리만큼 깊게 생각하는 데 쏟는 시간을 고려하면 나 스스로가 곧 생각인 것처럼 느끼기 쉽다. 그러나 생각은 그저 생각일 뿐 나 자신이 아니다. 그렇다. 생각은 마음의 부산물일 뿐이다. 내 마음 또한 나의 일부일 뿐, 결코 나 자신을 대변하는 전체가 아니다.

감정은 우리 마음의 틀을 형성하는 데 절대적인 영향을 끼친다. 감정을 토대로 짜인 마음의 틀은 생각의 패턴을 형성한다. 이 생각의 패턴은 때로 감정을 그대로 반영한다. 그래서 특정 상황을 접했을 때 처음 떠오르는 감정이 곧장 생각으로 흡수되곤 한다. 다시 말해 슬픈 감정은 슬픈 생각으로 이어지고, 기쁜 감정은 기쁜 생각으로 이어진다. 생각이 떠오르면 그저 하나의 생각으로 인정하자. 그러고나서 그 생각을 바탕으로 과장된 해석을 하지 않도록 주의하자. 나머지 생각은 자연스럽게 흘러갈 수 있도록 그대로 놔둔 채 다시금 나만의 인식(생각 그 자체와는 다른 것)으로 되돌아오자. 이 연습을 반복하면 마음챙김에 서서히 익숙해질 것이다.

일상으로 끌어들이기

슬픔 등의 감정이 밀려오면 "슬퍼"라고 말하는 대신 "나는 슬픔을 느껴"라고 바꿔 말해보자. 마치 감정이 나 자신인 것처럼 과잉 규정하지 않기 위한 노력이다. 내 감정과 생각, 기억을 고정된 것이 아닌 흘러가는 것으로 바라볼 때 어떤 차이가 느껴지는지 관찰해보자.

[7] **나무가 아닌 숲을 봐야 중요한 것들을 지킨다**

우리는 삶의 다양한 영역에서 부담이 큰 과제를 떠안기도 한다. 커다란 목표나 계획을 좇으면 그곳에만 집중하게 된다. 그러다 보면 나 자신은 물론 주위 사람들도 희생해야 하는 경우가 생긴다. 또 체력적으로 완전히 고갈되기도 한다. 때로는 내 삶 전체가 마치 하나의 목표를 이루기 위해 존재하는 것처럼 느껴지기도 한다. 어느 정도 사실이다. 실제로 그만큼 많은 노력과 시간이 투입되기 때문이다. 그러면서 중요한 목표 외에 다른 부분은 차츰 배제하게 되고, 삶을 풍성하게 만들어주는 활동마저 포기하게 된다. 이것은 누구에게나 무척 어려운 문제다. 중요한 목표 달성을 인생의 우선순위에 두는 것은 때로 내 건강마저 담보하는 것일 수 있다.

나는 당신에게 많은 시간과 노력을 요하는 커다란 목표를 갖지 말라고 말하려는 게 아니다. 커다란 목표를 추구하는 동시에 삶의 나머지 부분에도 집중하면서 이 둘을 조화롭게 병행할 수 있는 방법은 없을까? 이 부분은 이 책의 주제이기도 하다. 내 삶에 소중한 것들을 지치지 않고 지켜가는 방법.

이런 상황에서는 나무보다 숲을 봐야 한다. 그 상황에 매몰되지 않고 좀 더 큰 그림을 보면 힘든 시간을 버텨내는 데 많은 도움이 된다. 요컨대 내 건강과 안녕까지 담보한 채 오직 하나의 목표 달성에만 치우쳐 있다는 것을 깨닫는 첫걸음은 바로 마음챙김이다. 지금 이 순간에 집중하는 건 작지만 꼭 필요한 과정이다.

일상으로 끌어들이기

내 삶 전체가 담보돼 있는 것처럼 느껴지는 목표나 계획을 떠올려보자. 지금 당장, 혹은 가까운 미래에 이 상황에서 내 역할을 줄일 수 있는가? 그러지 못해도 걱정할 필요는 없다. 아주 사소한 조정만으로도 내가 느끼는 압박을 한결 줄일 수 있다. 또한 이 목표 달성이 내 삶 전체에서 어떤 의미인지 생각해보자. 일상의 다른 부분까지 균형 있게 이끌어갈 수 있을 것이다.

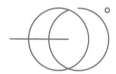

작은 실천들은 어떻게 하루를 바꾸는가

일상의 모든 경험은 마음챙김의 대상이 된다. 눈으로 보고 귀로 들으며 손으로 만지고 냄새를 맡고, 입으로 맛보는 신체의 감각 경험과 머릿속 생각들이 바로 그것이다. 요컨대 우리는 매일 매 순간 일상 속에서 마음챙김을 실천할 수 있는 셈이다. 물론 그렇게 되기란 쉽지 않다. 하지만 중요한 건 마음챙김이 우리 일상으로 점점 더 파고들면서 기본적인 삶의 형태가 되어가고 있다는 점이다. 마음챙김은 배움을 통해 얼마든지 습득할 수 있는 기술이다. 기억하자. 우리에게 필요한 건 실천이다.

마음챙김을 실천하는 방법에는 두 가지가 있다. 형식적 실천과 비형식적 실천. 이 두 가지는 상호 보완적인 역할을 한다. 우선 형식적 실천에는 절차와 기간 등 특정 양식이 존재한다. 명상, 요가, 태극권, 기공 같은 훈련이 대표적이다. 반대로 비형식적 실천에는 딱히 정해진 양식이 없다. 떨어지는 빗방울에 얼굴을 대고 느껴보기, 친구와의 대화에 온전히 집중하기, 일몰을 바라보며 석양빛에 감동하기, 모두 비형식적 마음챙김의 예시다. 이러한 비형식적 실천은 우리 일상에서 마음챙김의 획기적인 잠재력을 깨닫는 데 아주 중요한 부분이다.

태디 부부는 캘리포니아 산불로 집을 떠나 대피할 당시 엄청난 스트레스를 느꼈다. 전기가 모두 나가 코앞에 있는 물건도 제대로 분간되지 않는 상황이었다. 어둠 속에서 짐을 챙기던 당시를 태디는 이렇게 회상했다. "칫솔 같은 물건 하나하나에도 온 신경을 집중해야 했죠. 무엇이 어디에 있는지, 어떤 짐을 챙겨야 하는지 정확히 알아야 했으니까요. 새로 입양한 구조견과 고양이 두 마리까지 함께 데리고 가야 했어요." 대피하는 상황에만 온전히 집중했던 태디는 '삶이 재정비되는 느낌'이었다고 말했다. 그 후로 태디는 종종 스스로에게 이렇게 묻는다. '이 순간 나는 지금 무엇을 하고 있는가?'

태디의 이야기는 극단적 상황에서 비형식적 마음챙김을 실천한 사례다. 그렇다면 좀 더 일상적인 상황에서의 비형식적 실천은 어떤 모습일까? 아만다의 경우를 예로 들어보자. 30대 중반의 아만다는 두 아이를 홀로 키우는 싱글맘이다. 지역 학교에서 정규직 언어치료사로 일하며 교내의 여러 가지 봉사활동도 맡고 있다. 한 시간 거리에서 홀로 지내는 어머니를 돌보는 일도 아만다의 몫이다. 이렇게 많은 일을 혼자 감당하며 아만다는 종종 자신이 벌새 같다는 생각을 한다.

이런 상황에서도 아만다는 일하는 동안에는 최대한 환자에게 집중한다. 또 봉사활동을 할 때는 학생들만 생각하며 교실에서 일어나는 일에만 주목한다. 운전을 하며 어머니에게 갈 때는 운전대 위 손끝의 감각을 느끼며 운전하는 행위에만 집중한다.

아만다의 사례에서 한 가지 더 언급하고 싶은 부분이 있다. 명상의 장점을 익히 알고 있는 아만다가 평소 명상을 하지 않는 것에 상당한 죄책감을 느낀다는 사실이다. 하지만 아만다는 최대한 지금 이 순간에 집중하며 일상을 보내고 있다. 그녀 나름대로 최선을 다하고 있는 것이다. 이런 죄책감을 느끼는 건 비단 아만다만이 아니다. 내가 인터뷰했던 많은 여성이 규칙적인 명상을 실천하지 않는 것에 대해 죄책감을 느꼈다. 아만다는 이렇게 설명했다. "명상은 과학적으로 검증된 효과적인 수련법이라는 이야기를 자주 들어요. 그런 말을 들을 때마다 죄책감이 느껴져요. 운동을 하지 않으면 마음이 무거워지는 것처럼요." 하지만 아만다는 죄책감을 느낄 필요가 전혀 없다. 그녀는 이미 일상 속에서 비형식적 마음챙김을 누구보다 잘 실천하고 있기 때문이다. 업무를 볼 때는 환자에게, 봉사를 할 때는 학생에게, 운전을 할 때는 운전대 위 손끝의 감각에 온전히 집중하는 것. 이 모든 행위는 마음챙김의 상태를 지지하고 강화하는 효과적인 실천법이다.

뇌는 기쁨을 추구하는 기계다

요컨대 마음챙김의 비형식적 실천은 형식적 실천만큼 중요하다. 그러니 형식적인 실천을 못 하고 있다고 낙담할 필요는 없다. 일상 속에서 최대한 많은 순간을 비형식적 실천으로 채우면 된다. 또한 명상이나 요가 등 형식적인 실천을 하고 있다 해도 비형식적 실천을 게을리해서는 안 된다. 이처럼 형식적 실천과 비형식적 실천은 상호 보완적인 관계다.

올해 서른아홉 살이 된 켈리를 처음 만나던 날, 그녀는 마치 운동선수 같은 힘찬 발걸음으로 내 사무실로 들어왔다(대학 때 농구를 했었다는 사실은 나중에 알았다). 아주 활발하고 자신감 넘치는 모습이었다. 상담을 시작해보니 켈리는 가정의 생계를 책임지는 실질적인 가장이었다. 남편과는 사용하는 언어도 자란 환경도 전혀 달랐다. 켈리는 심리치료사로 일하며 강의도 하고 정신건강 전문가를 양성하는 소규모 사업체까지 운영하고 있었다. 더구나 둘째 아이 출산을 불과 두 달여 앞둔 임신부였다. 켈리는 출산 후 자신의 일이 몇 배로 늘어난다고 생각하니 종종 알 수 없는 분노가 솟구쳤다. 이런 상황에서 켈리는 마음챙김 실천이 마음의 평정심을 유지하는 데 많은 도움이 된다고 말했다. 매일 아침 일어나 명상 테이프를 들으며 15분간 수련을 하는 켈리는 명상을 하고 하루를 시작한 날과 그러지 않은 날이 크게 다르다고 말한다. "마음챙김을 실천하면서 불안감이 많이 줄었어요."

켈리는 이런 형식적 명상과 함께 비형식적 명상도 실천한다. "주변의 모든 소리와 형상에 집중하며 몸을 천천히 이완합니다. 제가 마음챙김을 실천하는 방법이에요." 마음챙김을 실천할 때면 켈리는 스스로에게 힘이 충전되는 느낌이라고 말한다. 예를 들어, 환자를 보거나 잠깐씩 휴식을 취할 때 지금 이 순간에 집중하면 마음이 한결 차분해진다는 것이다.

몇 달 후 켈리가 출산하고 나서 한 번 더 인터뷰할 기회가 있었다. 두 아이의 부모가 된 소감을 그녀는 이렇게 전했다. "하루가 어떻게 지나가는지도 모를 만큼 정신없이 지내요. 덕분에 마음챙김 같은 건 생각할 여유도 없죠." 인터뷰를 하던 날 아침, 켈리는 6개월 된 둘째 딸이 처음으로 베개에 기대지 않고 제힘으로 꼿꼿이 앉는데 성공했다고 말했다. "부모의 역할은 매 순간 아이에게 집중하며 모든 성장 과정을 놓치지 않고 지켜봐주는 것인 듯해요."

신경과학자 저드슨 브루어Judson Brewer는 우리 뇌가 '기쁨을 추구하는 기계'라고 설명한다. 습관적으로 늘 뭔가를 좇는 일상보다는 지금 이 순간에 차분히 집중하며 휴식을 취하는 게 낫다는 것을 뇌에게 반복적으로 가르치면, 시간이 지나면서 뇌도 점차 마음챙김 상태를 선호하게 된다는 것이다. 이 과정에서 심리적 안정이나 회복력, 자제력도 한층 개선된다. 온갖 잡생각으로 하루를 시작하기보다는 평화롭고 여유로운 마음으로 하루를 시작할 수 있다면 얼마나 상쾌할까! 내적 평안을 가져다줄 수 있는 다양한 활동을 스스로 고민하고 실천해보자.

단 1초 만에 시작하는 마음챙김

간단한 실천 방법을 소개하고자 한다. 지금 이 순간, 당신의 마음이 몹시 복잡하다고 가정해보자. 뭔가에 화가 났을 수도 있고, 골치 아픈 업무를 걱정하고 있을 수도 있다. 자, 이제 다음 목록에서 하나를 정해 1분 정도 실천해보자. 모든 사람이 성공적으로 실천한 방법이다. 당신이 지금 언제, 어디에 있든 상관없다. 천천히, 그리고 단순하게 실천해보자. 아래 목록을 포함해 이 책에 소개된 실천 방법은 모두 더 많은 시간을 투자할수록 훨씬 더 효과가 좋다. 그러나 시작은 단 1초라도 좋다. 지금 바로, 한 가지를 골라 시작해보자!

1. 내 호흡에 집중하기

앉아 있어도 좋고, 서 있어도 좋다. 두 콧구멍을 통해 들고 나는 호흡에만 집중하자. 숨을 내쉴 때는 내쉬는 호흡을, 들이마실 때는 들이마시는 호흡을 온전히 느껴보자. 그리고 이 과정을 1분 동안 지속하자. 시간이 허락한다면 더 오래해도 좋다.

2. 대상 하나에 집중하기

집중할 대상 하나를 정해보자. 창문 너머의 아침 햇살도, 나무 한 그루도, 누군가의 그림자도 좋다. 어딘가에서 풍겨오는 냄새도 좋다.

3. 일상적인 행동 하나에 집중하기

신발을 신거나 문을 나서 걸어가는 것처럼 매일 되풀이하는 일상의 행동 하나를 골라보자. 그리고 그 행동에만 온전히 집중하자.

4. 감사 메일 보내기

당신의 삶에 긍정적인 영향을 끼친 사람에게 감사 메일을 보내보자.

5. 디지털 기기 끊어보기

단 몇 분이라도 각종 디지털 기기 사용을 완전히 끊어보자. 매일 일정한 시간을 정해 스마트폰을 들여다보지 않는 습관을 들이자.

6. 관찰하기

일상에서 쉽게 지나쳐온 대상을 주의 깊게 관찰해보자. 사과 한 알, 나뭇잎 한 장, 회사 벽에 걸린 그림 한 점. 당신이 주목할 수 있는 대상이면 무엇이든 좋다. 야구선수 요기 베라^{Yogi Berra}의 말대로 '관심을 갖고 바라보는 것만으로도 많은 것을 관찰할 수 있다.'

아주 짧은 심호흡의 놀라운 힘

아주 간단한 마음챙김 실천법인 심호흡의 효과는 다음 사례에서 잘 나타난다. 40대 후반의 과달루페는 열 살짜리 딸아이 주아나를 홀로 키우는 싱글맘이다. 과달루페는 한 의류업체 간부의 비서로 일하고 있어 퇴근이 늦다. 주아나가 어릴 때는 과달루페도 퇴근과 동시에 곧장 집으로 달려왔다. 온종일 엄마만 기다리던 주아나는 과달루페가 가방을 내려놓기 무섭게 엄마 품으로 파고들며 이렇게 말하곤 했다. "엄마는 마치 산타할아버지 같아!" 이토록 사랑스러웠던 주아나는 1년쯤 전부터 늘 시큰둥해 보였다. 과달루페가 퇴근해 돌아와도 쳐다보지도 않았다. 그런 딸의 행동에 과달루페의 마음은 실망감과 슬픔으로 가득 찼다. 주아나가 사춘기에 접어들었다는 사실을 알게 된 과달루페는 퇴근 후 집으로 돌아와 대문을 열기 전에 하나의 의식을 치르듯 크게 한 번 심호흡을 한다. 그러고는 한결 차분해진 마음으로 집으로 들어가 옷을 갈아입고 주아나를 만날 준비를 한다. 이렇듯 단 몇 초의 심호흡은 사람 간의 관계, 나아가 우리 삶 전반에서 매우 큰 차이를 가져온다. 몇 초 동안 집중해서 숨을 들이마시는 것만으로도 우리의 생각을 신체에 집중시킬 수 있다. 요컨대 호흡은 정신 활동으로 산란해진 우리의 마음을 해방시키는 손쉬운 방법이다. 단 몇 초 만에 자유를 느끼게 된 과달루페, 주아나는 정말 행운아다!

연방법원 판사로 일하는 케이트는 직장에서 마음챙김을 실천하고 있다. 지금 이 순간에 집중하는 것의 의미에 대해 묻자 케이트는 이렇게 대답했다. "제가 하는 일은 대부분 마음챙김을 필요로 합니다. 한꺼번에 여러 가지 일을 해야 하는 경우는 거의 없죠." 케이트는 재판에 들어가면 제일 먼저 포스트잇 3개를 눈에 잘 띄는 곳에 붙인다. 각각의 포스트잇에는 이렇게 쓰여 있다. "말을 삼갈 것." "침착할 것." "친절할 것." 이들 문구는 재판 중 변호사들 간의 언쟁에 끼어들거나 재판이 끝나면 후회할 법한 말이나 행동을 제재하는 완충제 역할을 한다. 판사는 재판에 집중하며 재판정에서 일어나는 모든 일을 정확히 알고 있어야 한다. 하지만 판사도 순간적으로 주의가 산만해질 때가 있다. 그럴 때면 케이트는 자리에서 일어나 최대한 재판에 집중하려고 노력한다. 때로는 재판 시작에 앞서 오늘 재판은 일어선 채 진행할 것임을 알리기도 한다. 이와 함께 주기적으로 심호흡을 하며 마음을 가다듬기 위해 늘 시계를 차고 다닌다. 그렇게 인터뷰를 한 지 몇 달 후, 케이트는 아주 반가운 소식을 전해왔다. 포스트잇 하나를 더 추가했다는 소식이었다. "지금 여기에 집중할 것!"

과달루페가 퇴근 후 주아나와 대면하기 전 심호흡을 하며 마음을 다스리는 것이나 케이트 판사가 재판에 집중하기 위해 포스트잇을 붙여놓고 때로 일어서서 재판을 진행하는 것은 모두 같은 맥락이다. 사소해 보이지만 마음챙김의 작은 실천이 가정이나 직장에서의 일상을 얼마나 변화시킬 수 있는지를 보여주는 사례다. 당신도 일상에서 얼마든지 마음챙김을 실천할 수 있다. 어떤 방식을 적용할 것인지는 스스로 고민해봐야 하겠지만, 가장 중요한 것은 마음챙김이 일상을 변화시킬 수 있다는 믿음이다.

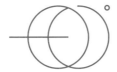

과학이 들려주는 마음챙김 이야기

　마음챙김의 효과를 입증하는 연구는 근래 들어 빠르게 증가하고 있다. 1970년대까지만 해도 명상을 다룬 과학 논문은 극소수에 불과했다. 그러나 현재 약 7천여 편이 발표되었고, 매년 1천 편 이상 추가되고 있다. 신경과학적 연구도 효과를 뒷받침한다. 즉, 마음챙김이 신경가소성neuroplasticity이라는 우리 뇌의 특징을 통해 뇌의 구조와 기능에 영향을 준다는 것이다. 신경가소성에서 신경은 신경세포를 의미하고, 가소성은 경험에 따라 변화하는 뇌의 능력을 일컫는다. 즉, 성인의 뇌도 경험에 따라 얼마든지 바뀔 수 있다. 25년 전만 해도 사춘기 이후에는 뇌가 변하지 않는다고 믿었다.

신경세포는 가장 기본적 뇌세포 단위로, 시냅스라는 접합부를 통해 서로 연결돼 있다. 이 시냅스가 뇌의 구조 형성을 돕는다. 우리가 뭔가에 집중하면 신경세포가 점화되고, 점화된 부위는 서로 연결된다. 이때 점화가 일어나지 않은 곳은 연결되지 않는다. 따라서 소위 '시냅스 가지치기'를 통해 신경의 연결 부위를 인위적으로 줄일 수도 있다.

이러한 신경가소성 덕분에 우리 뇌의 구조는 경험에 따라 얼마든지 변화한다. 근육이 형성되는 것과 같은 방식으로 신경의 연결 부위를 늘려가는 것이다. 그렇다면 이러한 뇌의 능력은 마음챙김과 어떤 관련이 있을까? 우리가 마음챙김의 상태를 더 많이 경험할수록 이와 관련된 뇌세포 점화가 더 활발하게 일어나고, 그 결과 마음챙김이 뇌 활동의 기본 특징으로 자리 잡는다. 시간이 갈수록 마음챙김의 작동 횟수는 점차 증가한다. 그래서 심리적 압박을 받는 상황에서도 마음챙김 상태가 지속될 가능성이 높아진다. 마음챙김 상태가 우리 뇌의 기본 특징이 되도록 훈련해왔기 때문이다.

요컨대 우리는 시간의 경과와 상관없이 계속해서 유지되는 기본 상태를 스스로 만들어갈 수 있다. 상대방과의 대화에 온전히 집중하는 연습이나 요가 수련은 구체적인 방법 중 하나다. 즉, 일정한 훈련을 통해 기본적인 상태나 습관적인 패턴을 바꿀 수 있다. 평소에 분별없이 제멋대로 반응하던 사람도 차분하고 사려 깊게 대응하는 사람으로 변할 수 있고, 매 순간 아무 말이나 내뱉는 습관이 있는 사람도 표현을 신중하게 선택하는 좋은 습관을 들일 수 있다.

그렇다면 마음챙김이 어떤 과정을 거쳐 우리 뇌의 기본 특징으로 자리하는 것일까? 핵심은 마음챙김 명상이다. 특정 상황에 집중하거나 마음의 문을 활짝 여는 것은 대표적인 명상 수련법이다. 이처럼 명상을 할 때 신경세포가 점화되면, 우리의 생각과 마음은 한층 선명하고 포용적으로 변화한다. 이 과정이 반복돼 신경세포의 연결 부위가 증가하면 마음챙김이 기본 특징으로 자리 잡는 것이다. 이때 신경세포 간 연결은 새로운 신경세포를 성장시킴으로써 강화할 수 있다(최소한 해마 부위에서는 가능하다. 뇌의 다른 영역은 연구가 진행 중이다). 또 시냅스 연결 부위를 수정하거나 미엘린 형성을 통해서도 강화된다. 미엘린은 신경세포를 둘러싼 막으로, 서로 연결된 신경세포 간의 자극을 최대 3천 배까지 빠르게 전달한다. 대니얼 시겔은 자신의 저서 『알아차림』에서 이렇게 표현했다. "집중을 하면 신경세포가 점화되고 이들 세포의 연결이 늘어난다."

하루 단 몇 분의 명상도 매일 하다 보면 분명한 효과가 있다. 최근의 한 연구 결과, 명상하는 시간이 늘어날수록 그 효과가 더 커지는 것으로 나타났다. 세계적인 심리학자 대니얼 골먼Daniel Goleman과 리처드 데이비슨Richard Davidson은 이에 관해 이렇게 언급했다. "최고 단계의 명상 수련을 통해 뇌의 기본 특징이 변한다는 사실이 입증됐다."

언제 어디에 집중할 것인가

지금부터는 마음챙김 실천법을 완전히 다른 시각에서 접근하게 만든 뇌의 한 영역에 대해 알아보고자 한다. 앞서 말했듯이 우리의 생각은 이리저리 옮겨 다닌다. 내가 의도하지 않아도 자연스레 그렇게 된다. 뇌 활동을 측정하는 기능적 자기 공명 영상(fMRI)을 촬영하는 동안 아무것도 하지 말라는 지침을 받아도 참가자들의 생각만큼은 끊임없이 이곳저곳을 부유하며 멈추지 않았다. 이때 찍은 뇌 사진에서는 피질 중앙 부위에 커다란 선 하나가 반짝이는 모습을 볼 수 있다. 이는 신경세포 활동이 급격히 증가했음을 나타낸다. 사진을 찍는 동안에는 기계 안에서 몸을 움직이지 않았음에도 말이다. 이것은 일부 뇌 영역의 중앙 부위 활동이 과도하게 증가한 결과다.

과학자들은 이 영역을 디폴트 모드 네트워크(DMN)로 명명했다. 즉, 디폴트 모드 네트워크란 몽상에 빠지거나 멍한 상태일 때 오히려 활발해지는 뇌의 영역을 일컫는다. 신경과학자 브루어는 DMN의 정확한 기능에 대해서는 아직 논쟁 중이지만, DMN은 일종의 '자아' 네트워크로 우리 자신을 각자의 내면 세계와 외부 세계로 연결하는 역할을 한다고 설명했다. 그런데 DMN 회로가 과도하게 작동하면 우리는 혼자만의 생각에 지나치게 사로잡힐 뿐 아니라 자신을 다른 사람과 비교하거나 심지어 다른 사람의 시선을 걱정하기도 한다. DMN은 인간의 사회적 기능과도 관련이 있는 곳이기 때문이다. 그렇다면 한번 상상해보자. 각종 SNS를 드나들 때 DMN이 얼마나 활성화될지를!

과학자들은 각종 생각을 멈추지 않는 이른바 '수다쟁이 마음'을 차분하게 진정시키기 위해 우리 뇌 측면의 감각 기관을 활성화시키는 방법을 소개한다. 예를 들어, 우리가 호흡에만 집중하면 이 측면 회로는 활성화되고, 수많은 생각이 시작되는 중앙의 DMN 영역은 점차 활동량을 줄인다. 다시 말해 측면의 감각 회로가 중앙의 DMN 회로 활동을 억제하는 것이다. 이처럼 의도적으로 만들어진 마음챙김 상태는 시간이 지나면서 우리 뇌 활동의 기본 특징으로 자리 잡는다. 신경가소성은 DMN의 연결 부위를 점차 확장시키고, 나아가 DMN 영역이 다른 뇌 부위와 함께 좀 더 균형적이고 통합적인 역할을 할 수 있도록 돕는다.

DMN이 통합적인 역할을 한다는 것은 지금 이 순간에 집중해야 할 때와 과거나 미래에 대한 생각에 집중해야 할 때를 능동적으로 선택할 수 있음을 의미한다. 요컨대, 마음챙김이란 내가 언제, 어디에 집중할 것인가를 의도적으로 선택할 수 있는 상태이다. 현재의 감각이든, 과거의 기억이든, 미래의 상상이든 우리가 주체적으로 선택하는 것이다.

그렇다면 내가 DMN에 이토록 열광하는 이유는 무엇일까? 지금 이 순간에 집중한 상태에서는 마음속 잡다한 생각이 나를 장악할 수 없기 때문이다. 생각의 집중과 부유는 동시에 존재할 수 없다.

물론 지금 이 순간에 집중한 상태에서도 쓸데없는 생각이 떠오른다. 하지만 마음챙김 상태를 지속하면 생각의 중심은 쉽게 제자리를 찾는다. 기억하자. 마음챙김은 생각을 비우는 게 아니다. 맑고 또렷한 생각을 유지하기 위한 방법론이다. 때로 DMN이 과도하게 활성화된 채 다른 영역과의 통합적인 기능을 제대로 수행하지 못하면 우리 마음은 이내 불안과 우울감에 빠진다. 심지어 나 자신의 감정을 제대로 마주할 수조차 없게 된다. 그러나 마음챙김의 순간을 더 많이 경험하면 이런 감정의 굴곡도 금세 회복할 수 있다.

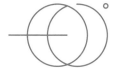

자기 자신을 좋아하기 힘든 이유

살면서 가장 어려운 것 중 하나가 기대에 미치지 못한 나 자신을 너그럽게 봐주는 일이다. 왜 우리는 자기 자신에게 이렇게나 엄격한 것일까?

우리는 마음속 비판자의 날카로운 목소리를 그냥 지나치지 못한다. 내면의 목소리를 듣는 일은 지극히 일반적이다. 특별히 그 자체가 문제될 건 없다. 하지만 내면의 목소리가 융통성이 없거나 부정적인 경우, 과거의 기억을 곱씹거나 미래의 걱정으로만 가득한 경우 내면의 목소리는 금세 내면의 비판자로 탈바꿈한다. 여러분의 내면의 목소리는 비판자인가, 협력자인가? 유감스럽게도 대부분의 경우 비판자에 가까울 것이다.

그래서 내면의 적수와 친구가 되거나 잘 지내는 일은 무엇보다 어렵다. 바로 이 지점에서 '자기 자비'가 필요하다. 자기 자비에 관한 연구를 개척한 크리스틴 네프Kristin Neff는 자기 자비의 핵심적인 3가지 요소를 다음과 같이 정의한다. 이들 요소는 개념적으로는 구분돼 있지만 서로 겹치거나 영향을 주기도 한다.

- 자기 친절: 자신을 판단하거나 비판하기보다 이해하며 감싼다.
- 인간의 보편성: 우리 모두는 다른 사람과 연결되어 있음을 느낀다. 삶에서 나타나는 각종 불완전성과 어려움은 내가 부족하기 때문이 아니라 누구나 마주하는 보편적인 일임을 인정한다.
- 마음챙김: 고통을 피하거나 과장하기보다 내 경험으로 온전히 마주한다.

그렇다면 이 3가지 요소는 서로 어떻게 보완하며 연결돼 있을까? 마음챙김의 개방적이고 수용적인 태도는 스스로에 대한 판단을 줄이고 나 자신에게 좀 더 너그럽고 친절해지도록 돕는다. 이를 통해 우리는 모든 사람은 서로 연결돼 있고 삶에서 각종 어려움을 겪는다는 사실을 깨달으며 인간의 보편성을 인정하게 된다. 이와 함께 자기 친절은 부정적인 감정의 파급 효과를 최대한 줄여준다. 누구나 실패를 경험한다는 사실 또한 자기 비난이나 가혹한 자기 판단에서 벗어나도록 돕는다.

네프는 연구와 상담 과정에서 자기 자비의 강력한 효과를 경험했다. 이뿐만이 아니다. 네프는 개인적인 삶을 통해서도 그 힘을 체험했다. 바로 아들 로완이 자폐증 진단을 받았을 때였다. 절망과 불안, 두려움에 휩싸인 네프는 어찌할 바를 몰랐다. 당시 그녀는 자신의 감정을 이렇게 표현했다. "평범한 아이를 둔 부모라면 전혀 느끼지 못할 감정이었다." 이후 네프는 이 모든 감정을 아무런 판단이나 수치심 없이 있는 그대로 인정하고 받아들였다. 그렇게 네프는 자기 자신을, 또 자폐아 엄마로서 자신의 내면적 투쟁을 가감 없이 수용하기 시작했다. 그러자 오히려 아이에 대한 사랑이 더 깊어지면서 아이의 모습 그대로를 받아들일 수 있었다.

자기 자비는 힘겨운 투쟁을 벌이는 스스로를 친절하게 돌보며 격려하는 것이다. 마치 어려움에 빠진 친구를 도울 때처럼 말이다. 그런데 대부분의 사람은 친구에게 하는 것만큼 자기 자신에게 친절하지 않다. 친절하기는커녕 자신을 다그치고 몰아붙이다가 자신을 좋아하는 방법을 아예 잊어버린다. 연구 결과 사람들 중 80퍼센트는 자기 자신보다 다른 사람에게 더 관대한 것으로 나타났다. 이에 대해 네프는 이렇게 말했다. "스스로를 대하는 것처럼 친구를 대했다가는 외톨이가 될 것이다."

스스로에게 친절해지는 힘

자기 자비를 실천하는 사람에게는 건강상으로도 많은 이점이 뒤따랐다. 스트레스에 반응할 때 나타나는 스트레스 호르몬 수치는 물론 불안과 우울 수치도 낮게 나왔다. 또 부정적인 심리 상태에서 오는 각종 수치심과 자살 충동, 자신의 신체에 대한 부정적 인식, 나쁜 식습관도 상당히 개선된 것으로 나타났다. 이와 함께 자기 자비는 신체의 면역 기능을 비롯해 삶의 만족감, 행복 지수, 감사하는 태도, 자신감에도 영향을 미쳤다.

자기 자비는 어려운 상황을 극복해내는 내면의 힘과 함께 대처 능력, 회복력의 중요한 원천이 되기도 한다. 실제로 한 연구에서 이혼한 부부들을 관찰한 결과 이혼 후 1년 동안 이들의 자립 정도를 평가하는 최적의 신뢰 지표는 '나 자신과 좋은 친구가 되었는가?'의 여부였다. 참전용사의 PTSD, 즉 외상 후 스트레스 장애를 예측할 때에도 전쟁에 노출된 기간이나 강도보다는 자기 자비를 얼만큼 실천하고 있는지가 더 효과적인 지표로 작용했다. 요컨대 중요한 것은 우리에게 어떤 일이 생겼느냐보다는 어려운 일이 생겼을 때 스스로를 어떻게 대하느냐. 스스로에게 내면의 비판자가 되느냐, 협력자가 되느냐, 그것이 관건이다.

일상에서 스스로에게 친절하다는 것은 과연 어떤 의미일까? 예를 들어, 하루 종일 힘들게 일하고 저녁 8시가 다 돼서야 집으로 돌아왔다고 가정해보자. 그럼 이때부터는 이메일 확인을 중단하고 일에서 완전히 벗어나는 것, 가장 편안한 나만의 방식으로 휴식을 취하는 것. 그것이 바로 스스로를 돌보는 일이다.

그렇다면 왜 우리는 자기 자비의 가치를 쉽게 인정하지 않는 걸까? 왜 우리는 정작 나 자신에게는 좋은 친구가 되어주는 못하는 걸까? 대부분의 사람은 자기 비판적인 태도를 더 정직하고 훌륭한 모습이라고 생각한다. 그래서 자기 자비를 이기적이고 자기중심적인 태도로 치부하고 제멋대로이거나 나약한 사람의 특징이라 여긴다. 이 외에도 자기 자비를 둘러싼 여러 가지 오해가 존재한다. 물론 자신의 강점과 약점을 객관적으로 분별하는 태도는 누구에게나 필요하다. 하지만 이것은 스스로를 엄격하고 단호하게 대하는 것과는 다르다. 자기 자비는 내면의 힘을 길러 평범한 일상을 제대로 살아가도록 돕는 과정이다. 스스로 격려하고 다독이면서 나 자신에게 의지하는 방법을 배움으로써 우리는 회복력을 기를 수 있다. 슬프고 힘든 일이 있을 때, 또는 기쁘고 행복한 일이 있을 때 좋은 친구로부터 위로나 축하를 받는 것과 마찬가지다.

자기 자비와 자존감은 어떻게 다를까? 자존감은 나 자신에 대한 긍정적, 혹은 부정적 평가로 정의할 수 있다. 즉, 스스로를 어떻게 느끼는지에 관한 것이다. 그러나 자기 자비에는 자기 비판이 포함돼 있지 않기 때문에 자존감이 주는 장점만 취할 수 있다. 이와 함께 자존감이 형성될 때 수반되는 사회적 비교 과정도 포함되지 않는다. 최근 들어 높은 자존감이 오히려 지나친 자기애나 낮은 자아 존중감, 왜곡된 자아 인식으로 연결된다는 연구 결과가 나오기 전까지 심리학자들은 높은 자존감의 이점을 극찬하곤 했다. 그러나 네프는 "우리의 자존감은 실패나 성공 경험에 따라 마치 탁구공처럼 오르내리기를 반복한다"라고 설명한다. 원하는 성취를 이뤄냈을 땐 자존감이 반짝 오르다가도 실패를 경험하거나 창피를 당하면 이내 급격히 내려간다는 것이다.

자기 자비는 다른 사람과 비교하거나 스스로의 가치를 조건적으로 제한하는 성향과도 관계돼 있다. 요즘에는 특히 SNS로 타인의 사생활을 엿보며 자신과 비교하는 사람들이 많다. 하지만 자기 자비의 실천으로 비교하는 버릇을 없애면 다른 사람의 삶도 있는 그대로 인정할 수 있게 된다.

내면의 비판자 잠재우기

마음챙김 수련을 통해 내면의 비판자를 잠재워보자. 이 수련법은 오늘날 마음챙김 분야를 선도하고 있는 샤론 샐즈버그가 고안해낸 것이다.

- 눈을 감거나 편안한 곳에 시선을 둔 뒤에 바른 자세를 취한다.
- 최근에 느꼈던 나쁜 감정을 떠올린다. 불안함, 분노, 두려움 어

떤 감정이라도 괜찮다.

- 이 감정을 어떻게 느꼈는지 생각한다. 이런 감정을 느낀 것 자체가 싫은가? 이런 감정이 생기는 것을 막을 수 있었다고 여겨지는가? 이런 감정을 느낀 것이 부끄러운가?
- 이 감정을 느끼는 순간을 고통스럽게 받아들인다. 그러고 나서 내가 이 고통스러움을 어떻게 받아들이는지 관찰한다.
- 이 고통을 따뜻하게 품어보기 위해 노력한다. 이때 내 몸에 어떤 감각이 느껴지는지 관찰한다. 아마 나의 연민이 고통을 감싸고 있을 것이다.
- 다시 부정적인 감정이 밀려와 스스로를 나무라게 되면 비판을 멈추고 자신에 대한 연민을 느낀다.
- 부정적인 감정이 생겨나는 것 자체를 막을 순 없다는 것을 기억한다. 이것을 굳이 극복할 필요도, 이 감정에 따라 행동할 필요도 없다. 혹은 이런 감정을 느꼈다고 해서 부끄러워할 필요도 없다. 그저 다른 사람들도 흔히 느끼고 경험하는 인간의 본성임을 기억한다.
- 부정적인 감정을 최대한 빨리 알아채도록 노력한다. 부정적인 감정의 속성은 고통임을 인식하고 흘려보낸다. 그 빈자리는 나에 대한 연민으로 채운다.
- 천천히 눈을 뜬다.

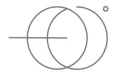

스트레스를 내 편으로 만드는 방법

다음 두 문장 A, B는 스트레스에 대한 일반적인 생각을 나타낸 것이다. 당신의 생각은 어느 쪽에 더 가까운가?

A. 스트레스는 해롭다. 그러므로 잘 관리하며 최대한 줄이거나 피해야 한다.

B. 스트레스는 도움이 된다. 적극적으로 받아들여 좋은 쪽으로 활용해야 한다.

A를 선택했는가? 아주 보편적인 생각이다. 대부분의 사람이 이

렇게 생각한다. 불과 10년 전만 해도 수많은 심리학자, 의사, 과학자들이 스트레스를 없애야 한다고 소리쳤다. 그러나 건강 심리학자 켈리 맥고니걸Kelly McGonigal은 저서 『스트레스의 힘』에서 '스트레스는 독'이라는 주장에 반기를 든다.

이 같은 맥고니걸의 생각은 어디에서 시작됐을까? 1998년 한 연구팀은 3천 명의 미국인에게 과거 어느 정도의 스트레스를 경험했는지, 스트레스가 자신의 건강에 해롭다고 생각하는지에 관한 설문조사를 실시했다. 그리고 8년 후, 이들 중 사망한 사람을 추적했다. 모두의 예상대로 스트레스를 많이 받으면 사망 확률이 43퍼센트나 높아지는 것으로 나타났다. 그러나 이중에는 예상을 뒤엎는 결과도 있었다. 맥고니걸은 여기에 주목했다. 스트레스로 인한 사망률 상승은 스트레스가 해롭다고 생각한 사람에게만 적용됐다. 스트레스를 많이 받지만 그것을 해롭게 여기지 않은 경우 사망률이 높아지지 않았다. 오히려 가장 낮게 나타났다. 심지어 스트레스를 적게 받는다고 대답한 이들의 사망률보다도 낮았다.

상황이 위태로워지면 스트레스로 인한 생리적 자극이 자연스레 나타난다. 이처럼 스트레스는 우리의 생활에서 결코 뗄 수 없는 부분이다. 벗어날 방법이 없다. 의미 있는 삶에는 모두 스트레스가 따르게 마련이다. 아이를 기르고, 연로하신 부모님을 보살피고, 자녀의 대학 등록금을 마련하고, 주어진 업무의 마감 기한을 맞추느라 애를 쓰고, 더 나아가 병든 지구를 위해 노력하는 일련의 행동은 모두 스트레스를 동반한다. 그러나 이런 스트레스가 모두 나쁜 스트레스는 아니다. 나의 풍성한 삶을 나타내는 증거이기도 하다.

따라서 스트레스는 우리에게 긍정적으로 작용할 수 있다. 중요한 것은 스트레스를 없애는 게 아니라 그것을 대하는 우리의 태도를 바꾸는 것이다. 이에 대해 맥고니걸은 이렇게 설명한다. "스트레스를 줄여야 한다고 생각하는 사람이 스트레스를 느끼면 이는 곧 자신의 부족함을 나타내는 신호로 작용한다. 물론 스스로 충분히 똑똑하고 능력 있고 훌륭하다고 생각하면 스트레스를 많이 받지 않을 것이다. 그러나 이때의 스트레스는 우리가 인간임을 나타내는 증거가 아닌 개인의 실패를 나타내는 증거가 된다." 이런 관점으로 스트레스를 바라보면 결코 당해낼 재간이 없다. 여기서 우리는 스트레스를 대하는 태도가 얼마나 중요한지 알 수 있다.

스트레스를 피할 수 없는 것이 우리의 운명이라면, 스트레스를 나의 아군으로 만들어보자. 스트레스에 대한 인식을 전환하는 것은 바로 마음챙김 수련을 위해 준비해야 할 마음가짐 중 하나다.

아는 게 많을수록 제대로 보지 못한다

매일 반복적으로 마주하는 상황을 매번 새롭게 인식해야 한다면 어떨까? 아침마다 커피메이커 작동 방법을 새로 배워야 하고, 운전을 할 때마다 운전법을 새로 익혀야 한다면 말이다. 다행스럽게도 우리는 커피메이커 작동 방법을 매번 새로 배우지 않아도 된다. 우리의 뇌는 경험에 기반해 일정한 패턴을 찾아내기 때문이다. 이것이 우리 뇌의 하향식 처리 절차다. 이 방식은 대체로 매우 효과적이다.

하지만 심리학자 엘렌 랭어Ellen Langer는 우리의 경험이 오히려 독이 될 수 있다고 설명한다. 하향식 처리 절차는 기본적으로 우리의 생각이 어린 시절부터 쌓아온 과거의 기억과 경험으로 가득하다는 것을 전제로 한다. 그런데 이 기억은 때때로 우리를 과거에 옭아매 특정 상황을 새로운 시각으로 바라보지 못하게 한다. 역설적으로 아는 게 많을수록 제대로 보지 못하게 되는 것이다. 이는 과거의 경험이 우리의 생각을 걸러내기 때문이다.

빈칸을 보면 채우려 드는 우리의 습성은 우리 뇌가 모호한 것보다 확실한 걸 선호하는 탓이다. 그래서 우리는 뭔가를 끊임없이 알고자 하며, 스스로 무엇을 알고 있는지 반복해서 생각한다. 이런 현상은 "지금 이 순간에 집중하라"라는 매우 간단한 말을 생활 속에서 실천하는 것이 왜 그토록 어려운지 잘 설명해준다. 그렇다면 어떤 마음가짐이 필요할까? 바로 내가 모르는 것을 기꺼이 받아들이는 것이다. 이렇게 생각해보자. 몰라도 얼마든지 괜찮다고.

우리 가족의 일명 '보라색 가방' 일화는 우리 뇌가 얼마나 스토리텔링에 능한지 잘 보여준다. 아들 알렉스와 딸 매디가 어렸을 때 가족이 다 함께 샌프란시스코를 여행하고 돌아온 날이었다. 보라색 여행가방이 도통 보이지 않았다. 출발 전 분명히 짐을 꾸려서 현관

앞에 세워뒀었다. 남편은 출발하면서 차 트렁크에 분명히 실었다고 했고, 아이들은 틀림없이 호텔 방에서 마지막으로 봤다고 했다. 우리 모두 기억을 되짚어가며 집과 자동차를 샅샅이 뒤지고, 호텔에도 전화해봤다. 하지만 보라색 가방은 어디에도 없었다. 며칠 뒤 매디의 운동화를 찾다가 옷장 바닥에서 보라색 가방을 발견했다. 그 가방은 애당초 우리 여행에 함께하지 않은 것이다! 가족 모두 얼마나 황당했는지 모른다. 가방이 거기서 나왔다는 것도, 가방의 행방을 제각기 그럴듯하게 꾸며냈다는 것도 놀라웠다. 이처럼 우리 뇌는 스토리, 곧 이야기를 좋아한다. 사실 여부는 그다음 문제다. 이야기를 통해 특정 상황을 파악하고 이에 대한 공통된 견해를 갖게 된다. 우리 가족의 사례처럼 말이다.

이와 반대로 상향식 처리 절차는 우리의 오감, 곧 보고 듣고 냄새 맡고 맛보고 만지는 과정을 통해 외부 자극을 직접 받아들여 인지한다. 심지어 여섯 번째 감각에 속하는 내부감각을 느끼기도 한다. 내부감각이란 심박수나 체온, 혈당 수치, 혈액 농도 등 신체 내부의 생리적 신호를 감지하는 감각을 뜻한다. 이 같은 상향식 처리 절차를 거치면 나의 기대나 판단에 상관없이 모든 상황을 직접 보고 확인할 수 있다. 랭어의 연구 결과, 상향식 처리 절차를 거쳐 특정 상황을 이해하고 이를 통해 마음챙김 상태에 이르면, 숲과 나무를 동시에 볼 수 있는 능력이 더해져 마음챙김 역량도 더욱 강화되는 것으로 나타났다.

2장。

지금 이 순간에
몰입하기 위한 연습

명상을 하는 것은 훌륭한 명상가가 되기 위해서가 아니다.
그저 눈을 뜨고 살아가기 위해,
삶이라는 예술에 온전히 집중하기 위해서다.

엘리자베스 레서

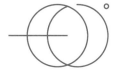

초심자를 위한 아주 쉬운 명상 수업

마음챙김이 곧 명상이라고 생각하는 사람들이 많다. 그러나 명상은 마음을 수련하는 여러 가지 방법 중 하나다. 스포츠라는 용어가 다양한 운동 경기를 아우르는 용어인 것처럼 말이다. 여러 가지 운동이 주는 효과가 제각각이듯 다양한 명상이 주는 효과도 각기 다르다. 호흡을 통해 이완하는 명상은 몸과 마음을 진정시키는 효과가 있다. 그러나 일반적으로 명상은 적극적인 정서 훈련에 가까우므로 다양한 종류의 마음챙김 수련은 대부분 우리의 마음을 활기차게 만든다. 마음챙김 수련과 이완 훈련을 비교한 연구 결과를 보면 효과 면에서 뚜렷한 차이를 보인다. 따라서 명상이 이완 훈련을 포함할 순 있지만 명상 자체가 이완 훈련을 나타내진 않는다.

이제 막 명상에 입문했거나 호기심에 알아가는 단계라면 명상을 통해 무엇을 얻을 수 있는지 제대로 알기 어렵다. 지금 딱 30초만 시간을 내어 편안한 자세로 스스로의 호흡에 집중하자. 온전히 집중하는 시간을 가졌다고 자신 있게 말할 수 있는가? 글쎄, 대부분의 사람들은 단 30초도 되지 않아 뭔가에 집중하는 것이 얼마나 어려운지 느꼈을 것이다. 명상 전문가들이 언급하듯 우리 마음은 늘 분주하고 시끄러워서 한 가지에 집중하는 것이 너무나 어렵다. 내일의 일정을 계획하다가 갑자기 과거의 특정 순간을 후회하고, 때로는 공상을 즐긴다. 마음을 차분히 해보려 애를 쓰지만 오히려 더 산만해질 뿐이다. 그러니 명상이 쉽지 않은 것은 당연한 일이다. 집중을 못하는 자신에게 실망하지 말고 딴생각에 빠져드는 자신을 이해해주어야 한다.

명상할 시간이 없다는 변명에 대해

여전히 명상을 자신과는 전혀 상관 없는 딴 세상 이야기쯤으로 치부하는 사람이 많다. 그러나 명상은 단순히 스트레스를 받거나 심적 부담이 클 때, 혹은 질병으로 고통받을 때만을 위한 훈련이 아니다. 물론 요가 수련자만을 위한 훈련도 아니다. 명상은 모두를 위한 수련이며, 집이나 학교, 병원, 공원은 물론 교도소나 군대 등 어디에서나 가능하다. 왜 우리는 명상의 장점을 잘 알고 있으면서도 쉽게 다가서지 못하는 걸까?

이를 두고 댄 해리스Dan Harris는 그의 책『10% 행복 플러스』에서 명상에 대한 홍보가 애초부터 잘못됐기 때문이라고 지적한다. 1960년~1970년대 미국에서 명상이 크게 유행했을 당시 유행을 주도한 이들은 대개 히피 스타일의 옷을 입은 수련가들이었다. 이들은 줄곧 깊은 호흡을 하고, 모든 걸 내려놓고, 마음으로 미소를 지어보라는 등의 알쏭달쏭한 말로 우리를 설득하려 했다. 하지만 이런 말들은 복잡하고 혼란한 삶을 살아가는 사람들에게 뜬구름 잡는 이야기로만 느껴질 뿐이었다.

하지만 지난 15년간 많은 변화가 있었다. 많은 연구를 통해 명상의 효과가 입증됐고, 마음을 단련하는 방법에 대한 사람들의 관심도 매우 커졌다. 하루는 명상과는 전혀 거리가 먼 친구 한 명이 내게 이렇게 물었다. "명상에서 가장 힘든 점이 뭔지 아니?" 친구는 내게 대답할 틈도 주지 않고 단박에 대답했다. "그건 바로 명상을 시작하는 거야." 나는 친구의 말에 전적으로 동의한다. 바쁜 하루 중에 명상할 시간을 확보하는 것은 누구에게나 쉽지 않다. 회사 업무도 처리해야 하고 때로는 긴급한 일이 발생하기도 한다. 가끔은 몸이 아파 병원에 갈 때도 있다. 나이 든 부모와 자녀, 반려동물을 돌봐야 하고, 친구를 만나며 인간관계에 신경을 쓰는 동시에 취미 생활도 놓칠 수 없다. 각종 공과금 처리나 이메일, 부재중 전화에 답을 하는 것도 빼놓을 수 없는 일과다. 현대에 사는 우리는 너무나 많은 부담을 지니고 살아간다.

최근에 나도 (물론 하루였지만) 도저히 명상할 시간이 나지 않는다고 스스로를 합리화한 적이 있다. 그날은 딸 매디의 스물세 번째 생일이어서 저녁에 사람들을 초대해 파티를 열기로 했었다. 하지만 오후 내내 회의가 잡혀 있었고 다음 날은 출장을 떠나야 했다. 얼마나 정신없는 상황이었을지 충분히 이해하리라 생각한다. 나에게 명상이 얼마나 중요한지 잘 알고 있는 나조차도 너무 바쁘면 명상을 우선순위에서 밀어내고 만다. 나는 이런 날이면 마음챙김 강사 트루디 굿맨Trudy Goodman의 조언을 떠올린다. "명상 수련을 지속하려면 단호함이 필요하다. 명상을 빼먹는 것은 나 자신을 훔치는 행위다." 트루디의 이 말은 우리가 명상을 포기하고 싶어지는 위기의 순간에 큰 효과를 발휘한다. 즉, 명상 시간을 의도적으로 확보하고 절대 포기할 생각은 하지 말라는 것이다.

다음 목록은 명상을 못 하도록 막는 가장 흔한 이유들이다. 당신이 주로 내세우는 이유가 무엇인지 확인해보자.

명상의 시작을 방해하는 것들

이유	해결책
시간이 없다.	명상을 하고 싶지만 그러지 못하는 이유로 가장 많이 내세우는 이유다. 그러나 정말 의지가 있다면 딱 1주일만 시도해보길 바란다. 하루에 1~3분 정도의 짧은 명상으로도 커다란 변화를 느낄 것이다. 중요한 건 지금 이 순간, 내가 존재하는 이곳에서 스스로를 만나는 것이다. 정답은 없다. 자신만의 방식대로 하면 된다. 명상이 자신에게 얼마나 유익한지 깨닫기 위해서는 명상의 효과를 주장하는 수많은 자료를 읽고 주변의 체험을 듣는 것보다 스스로 경험해서 느끼는 편이 훨씬 빠르고 강력하다.
이전보다 수동적이며 나약해질 것이다.	완전히 잘못된 생각이다. 실제로는 그 반대다. 명상을 통해 실행력과 집중력이 향상돼 훨씬 효과적으로 일처리를 할 수 있다. 새로운 강점이 개발되는 것이다.
나는 명상을 할 자격이 안 된다.	명상은 특별한 사람들이 하는 것이 아니다. 마음챙김 강사 샤론 샐즈버그의 조언을 기억하자. "자기 자신에게 가장 먼저 이렇게 말해보세요. 하루에 10분 정도는 나를 위해 써도 괜찮아."
스트레스를 너무 많이 받고 있다.	극심한 스트레스에 시달리는 바로 그 순간, 명상의 효과는 빛을 발한다. 물론 가장 스트레스가 없는 편안한 시기에 수련하면 좋겠지만 그런 시기를 기다리다가는 영원히 명상을 시작할 수 없다.
가만히 앉아 있기가 힘들다.	딱 1분만 앉아 있는 것으로 시작해 점차 시간을 늘려 나가자. 1분이 사소해 보여도 아예 시작하지 않는 것보다 훨씬 낫다. 가만히 앉아 있는 게 힘들면 요가, 필라테스, 걷기 등 운동을 통한 명상으로 수련할 수도 있다.

명상에 대한 지식도 없고 잘 못하는 것 같다.	존 카밧진은 이렇게 말했다. "지금 명상을 하고 있는가? 그렇다면 당신은 충분히 제대로 하고 있는 것이다." 명상의 방법에는 옳고 그름이 없다. 따라서 스스로의 명상 실력을 판단하지 않아도 된다.
명상을 하면 잡생각이 든다.	우리 모두는 끊임없이 반복되는 생각의 고리를 갖고 있다. 명상은 현재의 마음 상태를 분명하게 보는 것이지 모든 생각을 비워내는 게 아니다.
머릿속에 나쁘고 추한 생각이 가득하다.	마음이 잠잠해졌을 때 마주하게 될 자신의 생각에 두려움을 느낄 수 있다. 설령 그런 두려움이 올라온다고 해도 그건 명상 때문이 아니다. 오히려 무엇에 대한 두려움인지 그 정체를 알게 돼 적절히 대응할 수 있다.
지금도 충분히 생각에 갇혀 있다.	명상은 끊임없이 반복되는 생각의 고리를 끊음으로써 각자 생각에서 벗어나 스스로의 감각을 좀 더 깊이 느낄 수 있도록 한다.
명상을 시도해봤지만 효과가 없었다.	어떤 운동이 내게 맞는지 확인하려면 시간이 필요하듯 자신에게 딱 맞는 명상 방식을 알아내려면 어느 정도 시간이 걸린다.
안 좋은 일이 끊임없이 일어난다. 명상은 어떤 역할을 할 수 있는가?	살다 보면 불운과 절망의 순간이 끊임없이 반복될 것이다. 하지만 명상을 통해 회복력과 자신감이 향상되면 부정적인 상황에 대처하는 태도가 달라진다. 어떤 일이 닥쳐도 능히 이겨낼 수 있는 힘이 생긴다.

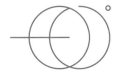

명상이 절실한 순간

명상이 절실한 순간이 닥치기 전에 미리 시작해야겠다고 마음을 먹었을 수도 있다. 하지만 늘 실천이 어렵다. 보통 위기 상황에 처하고 나서야 비로소 명상에 진지해진다. 루치카는 구글에 입사한 지 3개월이 되었을 때 가족이 중병에 걸렸다는 사실을 알았다. 루치카는 당시의 상황을 떠올리며 "맨몸으로 낭떠러지에 선 기분"이었다고 말했다. 극심한 심적 고통에 시달리던 루치카는 이를 극복할 방법으로 요가와 명상을 시작했고, 그때 명상을 만나지 못했더라면 지금 이렇게 강한 멘탈을 갖지 못했을 거라고 말한다.

어떤 사람들은 몇 년 동안 수련을 했다가 안 했다가 반복하기도 한다. 내가 인터뷰한 사람 중 하나도 "명상을 그저 놀이 삼아 간간이 했다"라고 말하면서도 동시에 "매일 꾸준히 하면 효과는 확실할 것"이라고 인정했다. 명상은 일단 매일 반복하는 일정에서 제외하고 나면 다시 시작하기가 좀처럼 쉽지 않다. 하지만 그렇게 지속과 중단을 반복한 후에야 꾸준히 이어가는 경우도 있다.

올해 49세의 킴벌리는 성공한 스타트업의 대표다. 그래서인지 자신감도 넘쳐 보이고 몸도 건강하다. 인터뷰를 시작하며 킴벌리는 3개월 전 위암 선고를 받았지만, 지난 5년간 꾸준히 해온 명상 수련 덕분에 힘든 시기를 잘 넘길 수 있었다고 전했다. 그러나 킴벌리도 명상 수련을 지속하기까지는 꽤 오랜 시간이 걸렸다. 처음으로 건강에 이상이 생겨 친구가 전해준 명상 CD 한 장으로 시작한 명상은 1년을 채 지속하지 못하고 중단되었다.

그러다 5년 후 만성질환을 겪으면서 병원 진료도 받고 유명하다는 치유 전문가도 찾아갔지만 몸과 마음이 모두 엉망진창이 되었다. 위기의 낭떠러지에서 킴벌리는 다시 명상을 생각해냈다. 킴벌리는 묵혀두었던 CD를 꺼내 듣기 시작했다. 이후 3년간 명상을 꾸준히 이어갔고 마음도 한결 안정을 되찾았다. 그래서 위암 진단을 받았을 때도 스스로 '내가 나 자신의 간병인이 되어야겠다'고 다짐할 수 있었다. 자신을 지키고 일으켜 세울 사람은 결국 나 자신뿐임을 깨달은 것은 강한 정신력 덕분에 가능한 일이었다. 킴벌리는 오래전부터 명상 수련을 해온 것이 너무나 다행스러운 일이라고 말했다. 명상이

의학적 효과를 불러오리라고는 기대하지 않았지만 킴벌리의 암 상태를 보여주는 지표는 분명 개선되고 있었다. 킴벌리는 요즘 그 어느 때보다 행복한 나날을 보내고 있다. 다른 사람의 시선을 의식하지 않고 오로지 자신에게 집중하면서 어떤 시련이 닥쳐도 이겨낼 수 있다는 자신감도 생겨났다.

마음챙김 강사 트루디 또한 힘든 일이 닥쳤을 때 명상의 도움을 받았다. 트루디는 옷 중독으로 치료를 받던 와중에 척추뼈가 골절되는 부상까지 입었다. 그 탓에 진행하던 일도, 계획한 일도 모두 중단할 수밖에 없었다. 그때 절망에 빠진 트루디를 구해준 것은 명상이었다. 명상을 시작하면서 트루디는 절망과 우울에서 비롯된 극단적인 상상의 고리를 차단할 수 있었다. 대부분의 사람은 어려움이 닥치면 자신의 감정을 필요 이상으로 과장해 상황을 더 안 좋게 만든다. 현실을 있는 그대로 받아들이지 못해 고통이 배가 되는 것이다. 트루디의 경험은 일상이 된 마음챙김의 힘을 보여주는 대표적인 사례다. 일상의 사건사고에서 오는 고통은 우리 힘으로 통제할 수 없다. 하지만 사건에 대응하는 방식과 태도는 얼마든지 통제할 수 있다. 현실을 바꾸려고 저항하다가 지치기보다는 이미 벌어진 일은 내가 통제할 수 없다는 정확한 현실 인식이 필요하다. '받아들임'으로 우리는 스스로의 고통을 최소화할 수 있다.

시작하는 사람들의 3가지 명상법

신체 운동의 종류가 다양하듯 명상 수련의 종류도 다양하다. 각 유형별로 얻게 되는 명상의 결과도 각각 다르다. 3가지 명상의 예를 들어보겠다.

[1] 집중하는 명상

주로 명상 초보자들의 수련법이다. 눈에 보이는 사물이나 자극, 호흡 등 하나의 대상에 집중함으로써 지금 이 순간에 온 신경을 모은다. 마음이 소란해지는 것을 피해 집중한 상태를 유지하려면 자신이 선택한 대상에 집중하고 있는지 계속해서 확인해야 한다. 주의가 산만해져 특정 사물이나 활동에 더 이상 집중하지 않고 있다는 것을 깨닫게 되면, 그 순간 특정 대상에 다시 주의를 집중하자. 이 같은 주의 집중 훈련을 통해 우리는 자신의 집중력을 파악하고 관리할 수 있게 된다. 그러면서 집중력이 강화돼 순간적으로 주의가 산만해져도 금세 회복하고, 나아가 지금 이 순간에 온전히 집중하는 정신적 토대를 쌓아간다. 우리가 지금 이 순간에 쓰는 시간이 많아질수록 우리의 직관은 점차 발달한다. 그러면 상황이 좀 더 명확히 보이기 시작하고, 사고의 깊이가 확장된다.

[2] **열린 마음 명상**

집중하는 명상 수련에 익숙해져 꽤 오랜 시간 집중할 수 있게 되면(초보자는 15~20분 정도, 숙련자는 그 이상 집중할 수 있다), 두 번째 단계, 열린 마음으로 받아들이는 형태의 명상 수련을 시작할 수 있다. 이 방식은 특정 대상이나 사건에 집중하지 않는다. 그저 머릿속에 떠오르는 생각을 그대로 받아들인다. 다시 말해, 대상이나 상황에 대해 끊임없이 생각하고 판단하는 것이 아니라 어떤 생각이 떠오르든 자연스레 받아들이는 것이다. 머릿속에 스치는 생각을 그저 편안한 마음으로 받아들여 관찰해보자.

일부 강사는 지금 내가 생각하고 있는 대상, 이를테면 소리, 느낌, 감각에 이름을 붙여보라고 권하기도 한다. 그리고 그것을 자연스레 놓아주라고 한다. 요컨대 열린 마음 명상 수련의 핵심은 마음속에 어떤 생각이 떠오르든 그것이 우리의 생각 전체를 압도하지 못하도록 하는 것이다. 어떤 생각이 떠오르든 그저 가벼운 마음으로 받아들이면 된다. 이 두 번째 수련법은 특별히 시간을 내지 않고서도 일과 중에 틈틈이 실천할 수 있다. 머릿속에 어떤 생각과 감정, 감각이 생겨나는지를 주목하며 관찰하는 것이다. 예를 들어, 중요한 회의나 난관이 예상되는 대화를 앞두고 실천하면 꽤 효과적이다.

일상 속 모든 순간에서 마음챙김을 실천할 수 있다. 지금 이 순간에 온전히 집중하는 순간이 늘어날수록 우리의 마음은 더 차분해진다. 반드시 기억하자. 중요한 것은 지금 이 순간에 집중하는 것이고, 그 순간들이 모여 나를 만들어가는 것임을. 마음챙김은 그 누구도 아닌 자기 자신을 위해 실천해야 한다. 산책을 할 때 양 볼에 스치는 바람을 느끼는 것처럼 주변의 공기와 풍경을 그대로 흡수할 수 있다. 시인 다이앤 애커먼Diane Ackerman은 매일 아침 정원을 거니는 산책 시간을 자연의 그림자와 냄새를 맡는 시간이라고 묘사했다.

[3] **자애 명상**

사랑과 연민의 감정을 다른 사람에게로 확장하는 명상이다. 이 방식은 앞서 언급한 집중하는 명상법과 열린 마음 명상을 모두 포함한다. 자애 명상은 나 자신에 대한 사랑과 연민의 감정을 점차 주변 사람에게로 확대해가는 방식이다(나 자신을 사랑하는 데 다소 어려움을 겪는 사람들도 있다. 이때는 연인이나 반려동물을 사랑하는 것부터 시작하면 된다). 처음에는 가족과 친구, 다음은 처음 본 낯선 사람, 그리고 궁극적으로는 나와 불편한 관계에 있는 사람들에게로 사랑과 연민의 감정을 확대해간다. 자애 명상의 대표적인 효과로는 긍정적인 감정의 증가, 공감 능력의 증대, 친사회적 행동의 증가, 자기 비판 감소 등을 꼽을 수 있다.

그렇다면 자애 명상은 나머지 두 종류의 수련법과 어떤 관계가 있을까? 자, 이렇게 한번 가정해보자. 지금 당신은 열린 마음으로 받아들이는 수련을 하고 있다. 풍겨오는 냄새, 들려오는 소리, 느껴지는 감각을 자연스레 받아들이며 집중한다. 하지만 늘 그렇듯 당신의 생각은 이내 흩어져 간밤에 가족과 한바탕 싸운 일로 향한다. 그럴 때는 이렇게 짧은 시간도 집중을 못 해 주의가 산만해졌다며 스스로를 탓하는 대신 나 자신을 좀 너그럽게 대하자. 괜찮다고, 얼마든지 그럴 수 있다고 토닥여보자. 끊임없이 이어지는 생각의 줄기는 인간의 자연스러운 특징임을 기억하자. 우리가 명상 수련을 하며 겪는 놀라운 점 한 가지는 수련에 집중하지 않고 있음을 깨닫는 순간 이미 제자리로 돌아와 집중하고 있는 나를 발견한다는 것이다. 우리 삶에서 잘못된 부분이 이토록 빠르게 제자리를 찾는 경우는 거의 드물다.

지금까지 3가지 명상 수련법에 대해 이야기했다. 그러나 이 외에도 수련법의 종류는 무척 많다. 또 한번에 3가지 방식을 모두 적용해서 수련할 수도 있다. 예를 들어, 처음에는 호흡에 집중하는 방식으로 시작해 열린 마음 명상을 적용했다가 자애 명상으로 넘어가는 식이다. 어떤 방식을 택하든 수련법마다 고유한 가치와 효과가 존재한다. 안정적이고 맑은 정신을 갖게 되기도 하고 균형감 있는 정서나 사랑과 연민의 감정으로 이어지기도 한다. 이에 관해 한 수련생은 이렇게 말했다. "명상 수련의 효과는 수련을 하는 동안에만 유효하다고 생각했다. 하지만 결코 그렇지 않았다. 수련의 효과는 내 삶 전체에 나타났다."
또 한 가지, 형식적 수련만큼 일상 속에서 틈틈이 실천하는 비형식적 수련도 중요하다는 사실을 잊어서는 안 된다. 또한 정기적으로 혹은 형식적으로 명상 수련을 하지 않고 있다고 해서 스스로에게 너무 엄격하지 말 것을 당부한다. 샤론 샐즈버그도 비슷하게 말했다. "우리가 수련을 하는 목적은 단지 명상을 잘하기 위해서가 아니다. 우리 삶 전체를 나아지게 하기 위해서다."

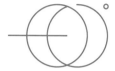

어느 게으른 수련자의 놀라운 변화

마음챙김 수련을 꾸준히 한다는 건 결코 쉬운 일이 아니다. 그래서 한번 시작했다가 며칠, 혹은 몇 주를 빼먹는 건 예사다. 심지어 몇 달이나 몇 년씩 중단하기도 한다. 한 가지 방법의 명상만 고집했다가 이런저런 이유를 들며 포기해버리는 경우도 많다. 보통은 자기한테 안 맞는다거나 별로 효과가 없다는 이유를 든다.

우리 마음을 돌보는 일은 우리 몸을 돌보는 일과 크게 다르지 않다. 몸을 위해 해야 할 것들을 익히 잘 알고 있듯 우리는 명상이 마음 돌보기에 효과적이라는 사실을 분명히 알고 있다. 그러나 그것을 실행하는 것은 또 다른 문제다. 우리에게 좋다는 것도, 왜 좋은지도 잘 알지만 실행은 여전히 어렵다. 어떤 사람은 명상 수련을 지속하기 어려운 이유로 마땅한 장소가 없다는 점을 내세우기도 한다. 명상을 하려면 조용한 장소가 필요하다고 생각하기 때문이다. 하지만 이것 또한 명상에 대한 대표적인 오해이다. 제약회사 글락소스미스클라인의 건강심리 상담사 라지아 레마이겐Razeea Lemaignen은 임직원 10만여 명에게 명상 수련을 꾸준히 이어가려면 '공간의 장벽'을 넘어서야 한다고 강조한다. 그러면서 장소에 상관없이, 스트레스를 받는 그 순간 명상에 임하라고 조언한다. 명상과 스트레스를 분리할 필요가 없다는 것이다. 레마이겐은 궁극적으로 우리가 '완벽함의 장벽'도 넘어서야 한다고 말한다. 수많은 문제의 해결책이 단번에 떠오르는 깨달음의 순간은 결코 오지 않는다는 것이다. 다만, 명상을 통해 스트레스가 조금씩 줄면 문제를 해결할 수 있는 힘이 생기고 결과적으로 최선의 해결책을 찾을 수 있다.

내 수강생이었던 캐시를 처음 만난 날, 캐시는 한 손에는 클립보드를 들고 한 손으로는 내게 힘 있게 악수를 청했다. 성공한 40대 사업가인 그녀에게서 계획한 일은 무엇이든 잘 해낼 것 같은 열정과 의지가 느껴졌다. 캐시는 지난 15년간 하루에 12시간씩 일하며 지금의 사업체를 일구었다고 했다. 그러면서 마음챙김 수련에 관해서는 이렇게 말했다. "일로는 성공했을지 몰라도 다른 면은 엉망진창이었어요. 마음챙김과는 전혀 동떨어진 삶을 살았어요." 대화 끝에 캐시는 명상 수련의 가능성에 흥미가 많다며 앞으로는 헤드스페이스^{Headspace}라는 명상 앱을 이용해 꾸준히 수련할 계획이라고 했다. 그러면서 2주에 한 번 자신의 명상 생활을 관리해줄 수 있는지 물었다. 나는 흔쾌히 수락했다.

캐시와 약속한 첫날 아침, 나는 약속 시간을 정하기 위해 문자 메시지를 보냈지만 답장이 없었다. 처음에 스스로 인정한 대로 캐시는 일정 관리가 쉽지 않은 사람이었다. 다음 날, 캐시에게 문자 메시지가 왔다. "혹시 지금 괜찮으신가요?" 나는 괜찮다고 답장을 보내며 이렇게 덧붙였다. "마음챙김을 죽 거부하던 분이 수련을 시작해보겠다고 하니 놀랐어요." 그러자 캐시는 이렇게 말했다. "거부한 건 아니고요, 게을렀어요." 아주 솔직한 대답이었다. 실제로 많은 사람이 게으름 탓에 수련을 지속하지 못한다. 본격적인 상담을 시작하자 캐시는 명상을 하려고 앉으면 머릿속에 앞으로 해야 할 일이 떠올라 도무지 집중할 수가 없다고 호소했다. "해야 할 일들을 생각하며 계획표를 짜는 게 명상의 목적은 아니잖아요. 아주 죽겠어요." 나와 이런저런 이야기를 하면서 캐시는 자신이 명상에 집중할 수 없는 이유를 정확히 깨달았다. 신발 수선에서부터 배관 보수에 이르기까지 캐시의 머릿속에는 항상 처리해야 할 일들의 목록이 가득했다. 그리고 그것이 늘 캐시의 우선순위였다.

나는 캐시에게 2주간 매일 딱 1분씩만 명상을 해보라고 조언했다. 그러자 캐시는 하루에 10분 정도는 명상에 집중해볼 계획이라고 말했다. 이 정도면 캐시에게는 대단한 발전이었다. 나흘이 지나

자 캐시는 명상 관련 동영상도 챙겨 본다고 문자를 보내왔다. 변화의 신호였다! 그렇게 명상을 시작하고 한 달 후, 캐시는 조금씩 명상의 효과를 보기 시작했다고 알려왔으며 10개월이 지나서는 매일 명상을 꾸준히 이어가고 있다는 기쁜 소식을 전했다.

명상은 우리 삶에 문제가 닥쳤을 때 이를 잘 극복할 수 있도록 도움을 주지만 위기의 순간을 헤쳐가기 위한 대비책만이 아니다. 명상은 우리 삶의 매 순간을 단단하게 지탱해주는 효과 만점의 방법이다. 그러므로 '지속 가능한' 습관으로 만드는 것이 무엇보다 중요하다. 그리고 꼭 기억해두었으면 하는 부분이 있다. 명상 수련을 지속할 수 없는 상황이 되더라도 괜찮다는 것이다. 언제든 다시 시작할 수 있다는 것만 기억하면 된다!

자, 어떻게 하면 명상을 생활 습관으로 만들 수 있을까? 아래 표는 지속 가능한 명상 수련 계획을 수립할 때 꼭 필요한 내용이다. 명상 수련의 주인공은 자기 자신이다. 따라서 계획표 하나하나 모두 자기가 직접 작성해야 한다. 지금까지 워크숍에 참석한 모든 참가자는 계획을 수립하고 그대로 실천하려 노력했고, 나중에는 고민하여 만든 계획이 확실히 도움이 되었다고 말했다. 자, 이제 준비가 되었는가? 그럼 계획표를 짜고 실천해보자.

지속 가능한 수련 계획 수립하기

누가	명상의 주체는 자기 자신이다. 스스로에게 다짐하고 진정성 있게 임하라.
왜	동기를 분명히 하라. 명상이 주는 의미가 무엇인가?
언제	당신에게 최적인 시간을 찾아라. 낮이든 밤이든 상관없다.
어디서	자신만의 공간을 찾아라. 거의 모든 장소에서 가능하다.
무엇을	수련의 방식과 종류를 결정하라. 그리고 그대로 실행하라.
어떻게	기존에 규칙적으로 하던 일과에 자연스럽게 끌어들여라. 그리고 매일 실천하라. 천 리 길도 한 걸음부터!
얼마나	하루 12~15분이면 충분하다.

누가 명상을 하는가?

명상의 주체는 당신 자신이다. 어느 때고 준비가 됐을 때 당신의 목적과 능력에 맞게 시작하면 된다. 긍정의 아이콘이라 불리는 작가 그레첸 루빈Gretchen Rubin은 아침 달리기처럼 일상의 새로운 루틴을 만들 때 매일매일 하는 일정을 잡지 않는다. 1주일에 한 번 정도로 현실적인 계획을 세운다. 아침 일찍 일어나는 게 힘든 사람에게는 이런 방법이 훨씬 효과적이다. 운동할 시간이 없다거나 비가 와서 못 나간다는 핑계로 계획을 지키지 못하는 것보다 현실적으로 가능한 계획을 세우는 편이 낫다. 이렇게 계획을 수립하고 나면 최대한 지키려고 노력한다. 또한 루빈은 달리기를 함께할 파트너를 정해 '동기 부여자'로 활용하고 있다. 뭔가 책임을 져야 하는 상황이 닥쳐야 최선을 다하는 사람이라면 이 같은 동기 부여자는 계획 실천의 강력한 성공 요인으로 작용한다.

왜 하는가?

지속 가능한 명상 계획을 수립하는 이유는 무엇인지 그 동기를 명확히 알고 있어야 한다. 이 동기는 계획 수립의 전부라고 해도 과언이 아닐 만큼 중요하다. 동기가 분명해야 최선을 다할 수 있기 때문이다. 지금 당신의 삶에서 명상 계획을 수립하는 것이 어떤 의미인지 탐색해보라. 명상의 목적이 분명하면 시작하기도 쉽고 지속 가능성도 높아진다.

언제 할 것인가?

명상의 시간대는 몇 가지로 나눠 살펴볼 수 있다.

하나, 명상 초보자라면 처음에는 일상생활에 지장을 주지 않는 시간대를 선택하는 게 좋다. 갑작스러운 명상 일정이 중요한 시간대에 끼어들면 부담감이 앞설 것이다.

둘, 최적의 명상 시간은 각자의 환경에 따라 모두 다르다. 낮이든 밤이든 원하는 시간을 정하면 된다. 그 시간이 조금씩 달라질 순 있지만, 적어도 시작하는 단계에서는 가능하면 매일 같은 시간에 수련하는 것이 좋다. 내 경우에는 아침에 눈을 뜨자마자 명상을 한다. 아무 일에도 방해받지 않고 오직 명상에만 집중할 수 있어 기분이 한결 상쾌해진다.

셋, 자투리 시간을 이용할 수도 있다. 출퇴근하며 지하철로 오가는 시간, 강아지와 산책하는 시간 등을 명상 시간으로 활용하는 것이다. 그리고 아무리 자투리 시간이라도 명상 시간만큼은 완전히 몰입해야 한다는 점을 기억하자.

명상을 언제 할 것인가에 대해 한 가지 더 말하고 싶은 이야기가 있다. 앞서 언급했듯 대부분의 사람은 일에 지쳐 심신이 피폐해지거나 예상치 못하게 건강이 안 좋아졌을 때처럼 어떤 난관에 부딪치고 나서야 비로소 명상 수련을 시작한다. 하지만 그런 일이 닥치기 전에, 몸과 마음이 지극히 정상적인 상태에서 시작하는 것을 추천한다.

어디서 할 것인가?

사람들은 대부분 명상을 하려면 어딘가 조용한 장소가 필요하다고 생각한다. 그래야 방해받지 않고 할 수 있다는 것이다. 하지만 사실 장소는 크게 상관이 없다. 수련 장소는 그때그때 다를 수 있다. 그저 하루 일과를 보내며 명상이 가장 필요하다고 느끼는 시간과 장소에서 곧바로 시작하면 된다. 내 수강생 중 한 명은 비행기 이륙을 기다리거나 이동하는 버스 안에서처럼 지루함이 느껴질 때마다 수시로 '미니 명상'을 실천한다.

무엇을 할 것인가?

마음챙김의 종류와 방법은 당신의 상황에 따라 얼마든지 달리할 수 있다. 요가나 숲길 산책, 좌식 명상 등 다양한 방식이 있으니 그저 지금 상황에 맞게 시작하면 된다. 명상을 처음 시작해서 어떤 방식이 자신한테 맞는지 모르겠다면 일단 잘 맞는 수련 방법을 찾는 것이 중요하다. 처음에는 내게 잘 맞는 방법이라는 생각이 들다가도 나중엔 그렇지 않게 느껴질 수도 있고, 동료들에겐 잘 맞는 방식도 내게는 안 맞을 수 있다. 그럴 때는 조급해하지 않아야 한다. 적당한 방법을 찾지 못했다고 실망감을 느끼며 수련을 포기하는 사람들을 나는 많이 보았다.

요즘에는 스마트폰 앱이나 팟캐스트, 각종 음악이나 유튜브 영상도 명상을 돕는 훌륭한 조력자다. 이 중에서 내게 맞는 것을 선택하면 된다. 이 역시 명상을 함께하는 동료나 강사가 선호하는 것이라도 여러분에게는 맞지 않을 수 있다. 3주 정도 꾸준히 들어온 명상 음악도 앞으로 지속하기엔 적합하지 않을 수 있다. 중요한 것은 내게 맞는 수련 방식을 찾고, 이것을 내 방식대로 조금씩 바꿔가며 적용하는 것이다. 그렇게 되면 나날이 발전하는 자신의 모습을 마주할 수 있을 것이다.

또 한 가지 명심해야 할 것은 우리 마음이 매일 똑같을 수 없다는 것이다. 마음을 시냇물에 한번 비유해보자. 매일매일 크게 다를 것 없이 같은 방향으로 흐르지만 정확히 똑같지는 않다. 매번 달라지는 자신의 마음을 인정하고 어제와 어떻게 같고 어떻게 다른지 유심히 느끼고 관찰해보자. 그렇게 마음의 흔들림을 계속 살피다 보면 어느 대단한 경지를 기대하지 않게 된다. 초보자들은 명상이 어느 정도 수준에 이르면 무념무상의 상태가 될 거라고 기대하지만, 완전히 그렇게 되기는 힘들다. 다만 확실하게 말할 수 있는 것은 생각과 감정이 한층 또렷해진다는 것이다. 그러면 내 마음을 흩트리는 것에도 쉽게 동요하지 않게 된다. 이런 변화가 명상을 지속 가능하게 만들어준다.

어떻게 할 것인가?

반복적인 일상에 명상을 끼워 넣어야 한다. 이것은 워크숍 참가자들이 하나같이 만족하며 효과를 본 방법이다. 참가자들은 명상 시간을 확보하기 위해 10분 일찍 출근하거나 아이들을 학교에 데려다주고 집 근처 공원에 잠시 들렀다. 각자의 상황에서 제각기 다른 방식으로 명상을 그야말로 '끼워 넣었다'. 참가자 칼리의 사례를 보자. 칼리는 스케줄도 일정치 않고 잠시도 틈이 나지 않을 때가 많다. 하지만 집에서 기르는 도마뱀 루비 때문에 매일 아침저녁으로 불을 켜고 끄는 일은 빼놓지 않는다. 그래서 불을 켜고 끄는 이 짧은 시간에 잠시 명상을 하는 시간을 곁들였다. 아주 잠시라도 실천하고자 하는 그 노력은 아주 중요하다. 정신없이 살아가는 일상 속에서 우리에게는 해야 할 일이 이미 너무 많다. 그런데 여기에 명상이라는 숙제까지 더할 수는 없다. 따라서 이미 반복하고 있는 일상에 살짝 끼워 넣는 방식이 가장 효과적이다.

얼마나 할 것인가?

이에 대한 연구 결과는 아직 제각각이지만, 하루에 9분, 12분, 20분, 23분, 30분의 마음챙김은 모두 긍정적인 효과가 있는 것으로 나타났다. 신경과학자 아미쉬 자[Amishi Jha]의 연구 결과 응급 의료요원이나 군인처럼 가용시간이 극히 제한적인 사람들의 경우 하루 12~15분의 명상으로도 상당한 효과를 보는 것으로 나타났다. 이에 대해 마음챙김 강사 샤론 샐즈버그는 이렇게 조언한다. "하루에 최소 20분, 가능하면 그 이상 실천하라." 그러나 정답은 없다. 스스로 적용해보고 가장 효과적인 시간만큼 적용하면 된다.

한편, 명상을 한 번에 지속하지 않고 짧게 나누어 여러 번 반복하는 효과에 대해서는 아직 연구가 진행 중이다. 위스콘신대학교 연구팀은 한 번에 20분 동안 수련하는 것과 10분씩 두 번에 나누어 수련하는 것, 5분씩 여러 번 나누어 수련하는 방식의 효과에 대해 연구하고 있다. 전문가들은 수련 시간만큼이나 지속성도 중요하기 때문에 여유가 없으면 며칠간 아예 안 하는 것보다는 단 1분이라도 매일 하는 것이 낫다고 조언한다. 요컨대 핵심은 규칙적으로 꾸준히 하는 것이다. 따라서 하루 1분이라도 매일 하는 것이 좋다. 명상 수련의 연속 일수를 보여주는 앱을 이용하는 것도 도움이 된다.

지금 상황에서 명상에 할애할 수 있는 시간이 최대 5분이라면 그렇게 시작하면 된다. 당신의 상황에 맞게 적용하면 되는 것이다. 이와 함께 하루에 얼마나 명상을 했는지에 초점을 맞추기보다 그 명상으로 인해 당신의 일상이 얼마나 변했는지에 주목해보자. 명상 수련을 지속할 수 없는 상황이 되더라도 괜찮다. 언제든 다시 시작할 수 있다는 것만 기억하면 된다.

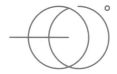

일상의 모든 순간에 마음챙김을

명상을 시작하는 여건은 제각각이고 개인의 강점과 약점은 모두 다르다. 따라서 한 가지 방법이 모두에게 적합할 수는 없다. 지금부터 다양한 명상 수련법을 소개하려 한다. 아래의 방법을 고르게 실천해보고 그중에서 자신과 가장 잘 맞는 방법을 찾아보자. 한 방법에 1~3분 정도만 투자해도 충분할 것이다. 지속하고 싶은 수련법을 찾았다는 생각이 들면, 우선 매일 한 번씩 실천하고 잠들기 전에 명상에서 받은 느낌을 적어보자. 이렇게 1주일을 반복한다. 운동을 할 때도 어느 날은 내게 꼭 맞는 운동인 것 같은 생각이 들다가 어느 날은 그렇지 않게 느껴지기도 한다. 명상도 마찬가지다. 딱 하루를 해보고 내게 안 맞는다고 그만두지 말고 적어도 1주일은 지속해봐야 한다. 다양한 수련법을 섞어서 해보는 것도 좋다. 결국 수련 방법에 정답은 없다.

여기에 한 가지 덧붙이면, 우리 모두는 제각기 다른 생각과 경험을 갖고 있다. 따라서 아주 단순한 수련 동작에도 전혀 다른 반응을 보일 수 있다. 때로는 스스로도 예상치 못한 반응을 보이기도 한다. 그러므로 새로운 수련법을 시도할 때는 썩 유쾌하지 않은 느낌이 들 수도 있다는 점, 내게 맞는 형태로 그 방식을 바꿔야 할 수도 있다는 점을 기억하자. 예를 들어, 물에 빠진 경험이 있는 사람은 호흡 수련을 할 때 일반적인 효과와는 정반대의 효과가 나타날 수 있다. 당시의 경험이 완전히 치유되지 않았다면 호흡 수련 과정에서 물에 빠지던 순간이 떠올라 극도의 스트레스가 찾아올 수 있기 때문이다. 이런 경우에는 수련의 형태를 조금 바꿔 손이나 양초 같은 특정 대상에 집중하는 방식으로 진행해야 한다.

수련을 시작하기에 앞서 바버라의 사례를 들려주고 싶다. 얼마 전 재혼해 새 가정을 꾸린 바버라는 사회복지사로 일하며 자신의 두 딸과 두 양아들을 함께 기르고 있다. 처음 바버라를 만났을 때 그녀는 이렇게 말했다. "명상은 저와는 전혀 상관없다고 여기고 살았어요. 세상 모두가 명상을 시작한다 해도 저는 아닐 거라고 생각했죠." 2년 전, 바버라는 싱글맘으로서 가정을 홀로 책임져야 한다는 압박에 자신이 집에서나 직장에서나 너무 신경질적으로 변했다는 사실을 깨달았다. 집 근처에서 명상 수업을 받을 수 있다는 걸 알고 찾아갔지만 매일 수련원에 찾아가 수련을 하기는 힘든 상황이었다. 하지만 다행히 온라인 수업이 개설돼 있었고 자신에게 꼭 맞는 선생님도 찾을 수 있었다. 그렇게 명상을 시작한 바버라는 작년부터 하루에 최소 10분씩 명상 수련을 해왔다. 바버라는 명상이 자신의 삶을 어떻게 변화시켰는지 구체적으로 설명했다. "저는 이제 더이상 독불장군이 아니에요. 툭하면 화내고 소리 지르던 제 모습은 사라졌답니다." 그녀는 심리적인 자극이 왔을 때 호흡을 크게 한 번하는 것만으로도 마음에 여유가 생겨 즉각적인 반응을 막을 수 있었다고 했다. 이를 통해 급한 성미를 어느 정도 고쳤다고도 말했다. "저처럼 감정기복 심하고 매사에 발끈하던 사람도 변할 수 있다니. 놀랍고 신기하고 중요한 부분이죠. 제가 이렇게 변하다니 정말 믿을수가 없어요! 명상 수련은 살면서 꼭 한 번 해봐야 하는 것 같아요. 경험해보지 않고서는 그 효과를 알 수 없으니까요. 매일 실천하기란 결코 쉽지 않지만 그만한 가치가 충분히 있는 일이었어요."

수련 중에 이 5가지만은 꼭 기억하자.

- 집중력이 떨어질 수 있다는 점을 기억하자. 수련법의 종류와는 상관없다. 아주 짧은 수련 동안에도, 집중력을 유지하겠다는 굳은 결심에도 주의는 산만해질 수 있다.

- 순간적으로 주의가 흐트러져도 다시 호흡이나 특정 사물에 집중하는 연습을 지속하자.
- 각종 소음은 명상의 방해 요인이 아닌 집중력의 회복을 도와주는 장치임을 기억하자.
- 스스로에게 관대해지고 따뜻해지자. 주의가 흐트러졌다고 해서 자기 자신을 다그치지 말자.
- 신경이 분산됐음을 인지하는 순간, 금세 다시 집중할 수 있다는 걸 기억하자.

다양한 명상 수련법

호흡 수련법

스트레스는 우리의 인생에 늘 동반되므로 그것을 없애는 데 에너지를 쏟기보다는 어떻게 받아들이느냐가 더 중요하다. 우리는 각자 서로 다른 상황에서 이런저런 스트레스를 겪으며 살아간다. 조직검사 결과가 안 좋게 나왔다거나 회사가 갑자기 이전하는 상황일 수 있다. 아니면 딸아이가 그네에서 떨어졌다는 소식일 수도 있다. 이렇게 스트레스를 받는 상황에서 당신은 어떤 고통을 느끼는가? 이를 두고 '가슴을 짓누르는 것 같다'고 표현하는 사람도 있고 '배 속에 돌덩어리가 있는 것 같다' 혹은 '심장이 내려앉는 것 같다'고 말하는 사람도 있다. 호흡 수련은 전통적으로 요가에서 주로 사용해온 방식으로 생리학적으로도 많은 효과를 나타낸다. 아주 짧고 단순한 형태로 진행해도 꽤 긍정적인 효과가 즉각적으로 나타난다. 왜 그럴까? 호흡을 관리하면 자율신경계를 통제하게 되고, 이것이 평정심을 유지하는 데 도움을 주기 때문이다.

호흡 수련에는 들숨과 날숨의 비율을 조절하는 것이 포함된다. 실제로 숨을 들이마시는 시간보다 내쉬는 시간을 더 길게 하면 우리 몸은 이완 상태로 접어든다. 부담스러운 전화 통화를 앞두고 있거나 아이들이 온갖 짜증을 내며 칭얼대는 상황에 닥쳤다면 이 방법을 적용해보자. 이 호흡법은 들숨이 4, 날숨이 7이라는 의미에서 '4-7 호흡법'이라 불린다.

> **How to**
>
> ### 4-7 호흡법
>
> - 눈을 감아도 좋고 떠도 좋다.
> - 편안하면서도 바른 자세를 취한다.
> - 호흡에 신경을 집중한다.
> - 4초 동안 숨을 들이쉬며 호흡에 집중한다.
> - 7초 동안 숨을 내쉬며 호흡에 집중한다.
> - 위 순서로 1~2분씩, 틈날 때마다 반복한다.

들숨과 날숨의 길이를 조절하는 것 외에 호흡의 감각에 집중하는 방법도 있다. 관련 연구에 따르면 단순히 호흡의 감각에 집중하는 것만으로도 상당히 도움이 된다고 한다. 숨을 들이마실 때 차가운 공기를 느끼고 내쉴 때의 따뜻한 공기를 인식하며 호흡 그 자체에만 집중하는 것이다. 사람에 따라 호흡할 때 배의 움직임이나 전체적인 몸의 움직임에 집중할 수도 있다.

호흡 수련을 할 때는 끝나고 나서 어떤 느낌인지 기록해보자. 아마 몸 전체가 편안해지는 느낌일 것이다. 어려운 일이 생겨도 이전보다 잘 해낼 수 있을 것 같은 자신감이 생길 수도 있다. 호흡 수련을 하는 중간중간에 딴생각이 들며 정신이 산만해질 수 있지만 그렇다고 포기하지는 말자. 중요한 것은 그럴 때마다 다시 호흡에 집중하는 것이다. 집중력이 떨어졌음을 깨닫는 순간 자연히 그 이유도 알게 된다. 즉, 무엇이 내 집중력을 앗아갔는지 알 수 있다는 것이다. 그럼 됐다. 다시 호흡에 집중하면 된다. 여기에 특별한 기술은 필요 없다. 그저 내 생각을 파고든 잡념을 떨치고 다시 호흡에만 집중하면 된다.

3분 호흡법

3분 호흡법은 부정적인 감정이 몰아칠 때 할 수 있는 아주 쉽고 간단한 방법이다. 과거나 미래에 대한 부정적인 생각의 고리에 사로잡혀 있을 때 아주 효과적이다. 이 방법은 끊임없이 이어지는 부정적인 감정의 고리를 끊어낸다. 기쁨의 감정을 포함해 인간의 모든 감정은 아주 금방 지나간다. 길어야 90초 정도다. 내가 일부러 그 감정 속으로 빠져들지 않는 한 쉽게 왔다 쉽게 사라진다. 3분 호흡법은 티스데일, 윌리엄스, 시걸이 함께 개발한 방법으로 이들이 자체적으로 운영하는 마음챙김 프로그램에서는 이 과정을 가장 중요한 단계로 꼽는다.

3분 호흡법

- 편안하고 바른 자세로 앉는다. 눈은 감거나 뜬다. 숨을 길게 들이마시고 내뱉는다. 그리고 스스로에게 묻는다. 나는 지금 무엇을 경험하고 있는가? 어떤 감정과 생각, 신체의 감각이 느껴지는가? 차분하게 답을 기다려보자. 이후 떠오르는 모든 감정과 생각, 감각을 명명해보자. 설사 내가 원하지 않는, 썩 유쾌하지 않은 것들일지라도. 의식 속에 떠오르는 모든 것을 기꺼이 받아들이자.
- 모든 신경을 호흡에만 집중해보자. 호흡은 마음챙김을 실천하는 매개체다. 들숨과 날숨, 하나하나의 호흡에 집중하자. 수면 위 생각의 파도 바로 밑에는 항상 고요한 정적이 자리한다. 내 모든 주파수를 그 정적에 맞춰보자.
- 이제 인식의 범위를 넓혀보자. 여러분의 자세, 얼굴의 근육, 양손의 감각을 느껴보자. 모든 긴장의 끈을 완전히 놓는다. 그리고 지금 이 순간이 우리 생의 유일한 순간이라는 생각으로 나라는 존재 자체를 지금 여기에 완전히 맡겨버린다.
- 이 과정을 3분간 지속해본다.

미니 명상

샤론 샐즈버그가 명명한 미니 명상에 대해 소개하고자 한다. 샐즈버그는 우리의 일상 속에 언제 어디서든 명상을 할 수 있는 작은 기회가 늘 있다고 말한다. 이렇게 틈틈이 하는 명상은 흐트러진 집중력을 다시 회복하고, 불안을 잠재우며, 마음의 평정을 찾는 데 아주 효과적이다. 장소나 시간은 중요하지 않다. 샐즈버그는 "호흡을 할 수 있는 곳이라면 어디서든 명상도 할 수 있다"라며 잠깐의 틈을 이용하라고 언급한다. 세 번의 호흡만으로도 충분히 효과를 볼 수 있다는 것이다.

이를테면, 이메일에 답장하기 직전이나 딸아이의 배구 경기 시작을 기다리는 시간, 혹은 커피를 내리는 동안 주어지는 짧은 시간도 얼마든지 활용할 수 있다. 이런 시간이 하루에 최소한 두 번쯤은 주어지지 않는가? 일상의 루틴에 미니 명상을 포함시키면 더할 나위 없이 좋다. 매일 꾸준히 마음챙김 수련을 할 수 있기 때문이다. 샐즈버그는 미니 명상의 효과를 이렇게 설명한다. "짧은 명상만으로도 긴 명상으로 얻을 수 있는 마음의 평정을 충분히 누릴 수 있다. 이를 통해 우리는 호흡이 중요한 에너지원이자 지금 내게 중요한 것이 무엇인지 깨닫게 하는 도구임을 인식할 수 있다."

다음은 하루 일과 중 언제든 실천할 수 있는 미니 명상 수련법이다. 지금 곧바로 적용해보고, 며칠간 연달아 실천했을 때 어떤 효과가 느껴지는지 관찰해보자.

How to

미니 명상

• 일정한 시간을 정해도 되고 틈 나는 시간에 자유롭게 해도 된다.

- 눈은 감지 않는다.
- 모든 정신을 호흡의 감각에 집중한다. 콧구멍, 가슴, 배 어디든 상관없다. 가장 편안한 감각을 선택해 집중한다.
- 이런 식으로 세 차례 호흡을 반복한다. 시간이 날 때마다 똑같이 반복한다.
- 그 느낌을 즐겨보자!

친절 명상

앞서 말했듯 우리는 우리 스스로 내면의 지지자가 되기보다 비판자 역할을 한다. 스스로에게 비현실적 기대를 잔뜩 심어놓고 늘 부족하고 뒤처진다고만 생각하는 것이다. 여기에는 다음에 소개할 자기 자비와 관련된 두 가지 명상법이 가장 좋은 특효약이다. 이를 통해 친구에게 무슨 일이 생기면 정성을 다해 위로하면서 정작 나 자신은 따뜻하게 위로해준 적이 없다는 사실을 깨닫게 될 것이다. 아래의 '친절 명상'은 앞서 언급한 자기 자비의 핵심 3요소(자기 친절, 인간의 보편성, 마음챙김)를 바탕으로 고안된 것이다.

How to

친절 명상

- 편안하게 앉거나 눕는다.
- 눈을 완전히 감거나 살짝 뜬다.
- 온전히 나를 위한 시간임을 인식한다.
- 이 시간을 소중히 여기고 보호한다.
- 내 몸에서 느껴지는 감각을 인지한다.
- 심호흡을 한다.

- 나를 괴롭히는 문제나 사건이나 상황 한 가지를 떠올려본다.
- 이것을 생각했을 때 내 몸이 어떻게 반응하는지 확인한다.
- 몸에서 느껴지는 감각에 내 몸을 맡긴다.
- 그 상태를 유지한다.
- 느껴지는 감각을 무시하거나 외면하지 않고 그대로 받아들인다.
- 그리고 나 자신에게 이렇게 속삭인다. '이건 정말 어려운 문제야.'
  '난 지금 무척 힘든 시간을 보내고 있어.'
- 감각을 수용하고 위로의 시간을 충분히 느낀다.
- 지금 이 순간에 온전히 집중한다.
- 누구나 이런 힘든 문제에 부딪칠 수 있음을 인정한다.
- 이런 일은 나만 겪는 문제가 아니라고 스스로에게 말한다. '다른
  사람들도 나와 비슷한 경험을 해.' '누구나 인생을 살며 겪을 수 있는
  문제야.'
- 위로의 말들을 충분히 음미한다.
- 다시 그 문제를 떠올려본다. 여전히 그 문제가 내 탓이라고 여겨지는가?
- 아무것도 평가하거나 판단하지 않는다.
- 비슷한 상황에서 친구에게 하듯 나 자신에게 친절한 응원의 메시지를
  보낸다. '내가 있잖아.' '네 옆에 있어줄게.'
- 편안한 방식으로 나 자신을 만져준다. 가슴에 손을 얹어도 좋고 두 팔로
  감싸 안아도 좋다.
- 언제든지 같은 명상을 반복할 수 있다는 사실을 기억하자.
- 명상이 필요한 순간마다 친절한 태도로 스스로를 돌아보기로 한다.
- 준비가 됐으면 천천히 눈을 뜬다.

RAIN 명상

두 번째 자기 자비 명상법은 RAIN 명상이다. 친절 명상과 함께 너무 지쳐서 아무것도 할 수 없을 때, 혹은 나 자신이 보잘것없는 존재로 느껴질 때 실천하면 매우 효과적이다. RAIN 명상은 언제 어디서든 가능하고 기억하기도 매우 쉽다! RAIN이라는 이름은 약 20년 전 명상 연구가 미켈레 맥도널드Michele McDonald가 만든 것으로 오늘날까지 다양한 형태로 사용되고 있다. 그중에서 내가 소개하는 RAIN 명상은 임상심리학자 타라 브랙Tara Brach이 '자기 자비의 RAIN 명상'으로 명명한 형태다. 브랙은 수십 년간 수만 명을 대상으로 한 강의를 바탕으로 개인적 결핍감은 아주 흔하게 존재하며, 우리가 스스로를 가치 없는 존재로 여기면 일종의 멍한 상태가 지속돼 엄청난 고통으로 이어진다는 사실을 발견했다.

RAIN 명상법의 R은 지금 일어나고 있는 일을 인식Recognize하는 것을 의미한다. 브랙은 멍한 상태에 있다는 것은 내면의 비판적인 목소리로 인해 불안과 수치심, 두려움, 무력감에 사로잡힌 상태라고 설명한다. 여기에서 빠져나오는 첫 단계는 지금 자신이 이런 상태에 빠져 있다는 걸 인정하는 것이다.

RAIN 명상법의 A는 있는 그대로의 상태를 허락Allow하는 것을 의미한다. 우리의 생각과 감정은 고치거나 회피할 필요가 없다. 그저 나를 향해 떠오르는 판단을 인정하고, 그로 인해 느끼는 고통까지 있는 그대로 받아들인다.

RAIN 명상법의 I는 친절하고 부드럽게 탐색Investigate하는 것을 의미한다. 떠오르는 생각을 인정하고 수용하고 나면 우리 내면에 집중하며 이렇게 질문할 수 있다. '나는 지금 내 몸에서 이것을 어떻게 경험하고 있지?' 이때 탐색의 대상은 고통의 원인이 아니라 신체의 감각이어야 한다. 브랙은 아무런 판단 없이 친절하고 다정하게 탐색해 충분히 안정감을 느끼면 각종 두려움과 상처, 수치심과 진실하게 마주할 수 있다고 설명한다.

마지막으로 N은 대개 비동일시Non-identification를 의미한다. 즉, 우리가 누구인지에 대한 감각은 우리의 생각이나 감정, 감각과 동일시되지 않는다는 것이다. 그러나 브랙이 언급한 N은 자기 자비를 통한 성장Nurture with Self-Compassion이다. 브랙은 수강생들이 RAIN 명상법을 실천할 때 자기 자비를 중심으로 온전히 몰입하면 훨씬 더 효과가 좋다는 걸 발견했다. 물론 스스로 고통을 겪고 있다는 걸 인정하는 순간 자기 자비는 자연스레 일어나지만 이때 내면을 성장시키려는 노력이 겸비되면 자기 자비가 극대화된다는 것이다.

지금 당신이 가장 힘들어하는 부분을 떠올려보자. 가장 최악이라고 여겨지는 상황, 혹은 지금 가장 필요로 하는 것도 좋다. 그리고 자신을 돌보는 태도를 취해보자. "이건 내 잘못이 아니야"라고 말해보자. 가슴에 손을 얹거나 따뜻한 햇살이 나를 감싸 안는다고 상상해보는 것도 커다란 위로와 치유가 될 수 있다. 이 방법이 다소 어색하다면 사랑하는 대상을 떠올려보자. 가족이나 친구, 반려동물도 좋다. 이들이 나를 포근하게 안아준다고 생각해보자. 이처럼 스스로를 돌보려는 의식적인 노력은 자신을 비하하고 깎아내리는 성향을 줄여준다.

RAIN 명상법의 4단계를 마쳤다면, 지금 이 순간에 집중하면서 열린 의식 상태를 유지해보자. 자신을 함부로 대하는 잘못된 생각과 태도에 더 이상 머무르지 않게 될 것이다.

How to

RAIN 명상

- 지금 일어나고 있는 일을 인식한다.
- 있는 그대로의 상태를 허락한다.
- 친절하고 부드럽게 탐색한다.
- 자기 자비를 통해 성장한다.
- 지금 이 순간에 집중하면서 열린 의식 상태를 유지한다.

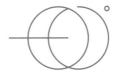

지금 이 순간에 몰입하면 건강해진다

마음챙김을 실천하면 몸과 마음에 어떤 효과가 있을까?

스트레스와 불안 감소

스트레스와 불안은 대뇌 변연계의 활성화된 편도체와 관계가 있다. 편도체는 우리 몸의 전파 탐지기로서 각종 위험 요인을 감지하고, 특정 자극이 주어졌을 때 어떻게 반응할지 결정한다. 다시 말해 침착하게 대응할 것인지, 감정적으로 반응할 것인지가 편도체에서 결정되는 셈이다. 만성적으로 활성화된 편도체는 크기가 매우 커진 상태다. 우리는 일단 화가 나면 그 원인을 계속해서 곱씹기 때문에 주의를 집중할 수 없게 된다. 이러한 집착은 의도치 않게 우리 마음을 힘들게 만드는 대표적인 예로, 그 자체로 상당한 스트레스를 유발하고 우리의 집중력을 떨어트린다. 자, 떠올려보자. 머릿속에서 좀처럼 떠나지 않으며 계속해서 당신을 괴롭히는 생각이 있는가? 그 생각은 매일 밤 잠들기 직전까지 당신을 쫓아다닐 수도, 매일 아침 눈을 뜨자마자 자동으로 떠오를 수도 있다. 그리고 그 생각이 좀 잦아들 때쯤에는 또 다른 생각이 그 자리를 채운다. 모두가 흔히 겪는 일이다.

그렇다면 편도체에 신호를 보내 끊임없이 반복되는 이 생각의 고리를 끊어낼 수 있는 방법은 없을까? 다행히 있다! 마음챙김 수련을 통해 편도체가 진정되면 활동성이 약화돼 그 크기도 작아진다. 이를 통해 우리의 불안과 스트레스도 자연히 감소한다. 전전두엽 피질이 편도체의 활동성을 약화시켜 크기를 줄이는 것이다. 요컨대, 마음챙김 수련은 전전두엽 피질의 성장을 촉진함으로써 우리의 감정을 안정화한다.

집중력 강화

한 가지 대상이나 상황을 선택해 집중함으로써 우리 뇌는 안정적으로 집중하는 연습을 반복한다. 주의가 산만해지면 뇌가 신호를 보내 다시 집중하게 함으로써 주의가 흐트러지는 횟수와 강도를 줄여가는 것이다. 또한 앞에 소개한 열린 마음 명상법은 우리가 경험으로 알게 된 것과 이전부터 알고 있는 것을 어떻게 구분하는지 그 방법을 알려준다. 즉, 생각이나 감정 같은 정신적 활동은 단순한 인식의 대상일 뿐 그것이 우리의 정체성을 나타내거나 절대적인 현실을 대변하지는 않는다는 것이다. 이처럼 집중력을 강화하는 것과 관련해서는 전전두엽 피질과 전대상 피질 등이 관계돼 있는 것으로 알려져 있다.

심혈관 기능 강화

마음챙김 훈련은 콜레스테롤을 낮추고 혈압을 정상화하며 뇌와 심장이 좀 더 안정적으로 신호를 주고받을 수 있게 하는 등 다양한 방식으로 심혈관 기능을 개선한다. 우리 뇌와 심장은 쌍방으로 신호를 주고받으며 심장을 비롯한 여러 신체 기관의 내부 감각에 초점을 맞춰 몸의 전반적인 상태를 점검한다. 이러한 방식은 마음챙김 같은 정신 훈련이 생리학적 기능을 향상시키는 데 핵심 요소로 작용한다.

식이장애 개선

건강한 식사를 즐긴다는 것은 음식을 먹을 때의 감각을 온전히 느끼고, 나아가 배가 고프거나 부를 때의 감각을 제대로 구분하는 것까지 포함한다. 그러나 현대인은 여러 가지 이유로 지나치게 적게 먹거나 많이 먹는다. 건강하고 균형 잡힌 식사를 하지 못하는 사람이 점점 늘고 있다. 복잡한 감정이나 생각, 미디어를 통해 형성된 왜곡된 몸에 대한 인식 등으로 인해 식이장애가 생겨나는 것이다. 이때 마음챙김은 생리적 욕구로 인한 배고픔이나 배부름을 정서적 문제로 인한 배고픔이나 배부름과 구분하도록 돕는다.

사회적 관계에서 비롯된 정서적 문제는 종종 특정 신체 이미지를 추종하는 형태로 발현된다. 상징적으로 만든 신체 사이즈와 형태는 우리 신체의 실제 감각과는 전혀 다르다. 그래서 식이장애가 있는 사람의 경우 실제 감각은 제대로 인식하지 못한 채 상징화한 이미지에만 사로잡혀 있을 가능성이 크다. 이때 마음챙김은 신체 감각을 더 많이 느끼도록 유도함으로써 특정 신체 이미지가 현실에 존재하지도, 본인의 정체성을 대변하지도 않는다는 것을 인지시킨다.

심리학자 로런스 바살루Lawrence Barsalou의 최근 연구는 마음챙김 수련 이후 우리 뇌의 기능 변화를 잘 나타낸다. 바살루는 실험을 시작하며 참가자들에게 마음을 분산시키는 방법을 알려주었다. 즉, 머릿속에 무엇이 떠오르는지 관찰하게 한 다음 이러한 생각이나 감정, 기억은 단순히 정신적 활동일 뿐이라는 점을 인지시키는 것이다. 이후 참가자들은 기존의 나쁜 식습관을 버리고 한층 건강한 식사를 즐길 수 있게 됐다. 물론 지금으로서는 마음챙김 수련이 식이장애에 어떤 장기적인 효과를 보여줄지 장담할 수 없다. 그러나 이번 결과를 포함한 몇 가지 실험 결과는 마음챙김 수련이 식이장애 개선에 실제로 효과가 있음을 보여준다.

공감 능력 발달

마음챙김을 실천하면 우리는 나 자신은 물론 다른 사람의 고통까지 잘 들여다볼 수 있게 된다. 누군가에게 공감한다는 것은 아래 5가지 측면에서 정의할 수 있다.

- 감정적 울림: 다른 사람의 감정을 느끼는 것
- 시선의 차용: 다른 사람의 입장에서 생각하는 것
- 인지적 공감: 다른 사람의 생각을 이해하는 것
- 기쁨의 공감: 다른 사람의 성공과 행복을 함께 기뻐하는 것
- 근심의 공감: 다른 사람의 근심을 걱정해주는 것, 연민의 출발

공감은 정신적 행위일 뿐 실질적인 행동을 수반하지는 않는다. 따라서 구체적인 행위를 통해 고통을 줄이지 못한 채 그저 마음으로만 공감하면 자칫 무력감을 느낄 수 있다. 앞에 소개한 자애 명상을 통해 말로 표현해보는 것은 공감 회로의 활동을 자극한다. 이러한 수련을 반복하다 보면 활성 네트워크를 강화해 공감 능력이 더욱 강화된다.

염증 감소 및 면역력 강화

지구상의 모든 생물은 위협을 받으면 뇌와 신체의 보호 체계가 즉각 작동해 정면으로 대항하거나 재빨리 도망간다. 이른바 위협 반

응이다. 이때 위협 반응이 작동하면 생존 가능성이 한층 높아진다. 그러나 이런 위협 상황에 반복적으로 노출되면 독성 스트레스가 생겨나 염증을 증가시키고, 노화를 촉진하며, 감염 위험도 높아진다. 그러나 마음챙김 수련을 통해 면역 기능이 개선되면 감염의 위험이 줄고 질병으로부터의 회복력도 강화된다.

염색체 말단 보수를 통한 노화 방지

염색체 말단에 있는 텔로미어는 아주 작지만 인간의 유전자 정보가 총망라된 DNA를 보호하는 필수적인 영역이다. 텔로미어의 형태는 신발 끈의 끝부분을 생각하면 된다. 신발 끈이 풀어지지 않도록 마무리되어 있는 플라스틱 매듭과 비슷한 모습을 하고 있다. 그렇다면 염색체를 신발 끈에 비유해서 생각해보자. 신체 모든 세포의 중심 부위, 곧 세포핵은 DNA를 담고 있다. 그런데 나이를 먹으면 텔로미어의 길이가 점점 짧아지고, 그 길이가 한계에 이르면 더이상 정상적인 방식으로는 세포 분열을 할 수 없게 된다.

한 가지 놀라운 점은 우리가 삶을 살아가는 방식과 마음을 다스리는 방법 또한 텔로미어의 건강 상태에 영향을 준다는 것이다. 대체무슨 영향을 끼친다는 걸까? 우리 몸에서는 텔로미어의 유지와 보수에 관여하는 텔로머라아제라는 효소가 생성된다. 그런데 마음챙김 수련은 이 효소가 생성되는 정도를 조절한다. 요컨대 마음챙김을 실천함으로써 텔로미어의 건강 상태를 좌우하는 텔로머라아제의 수치를 최적화할 수 있다는 것이다.

이처럼 우리 삶의 방식은 세포의 노화를 앞당기기도 하고 늦추기도 한다. 먹는 음식에서부터 감정 반응에 이르기까지 다양한 요소가 텔로미어의 건강 상태에 영향을 미친다. 따라서 생활 방식을 개선하면 세포의 조기 노화를 예방할 수 있다.

텔로미어가 세포의 건강 상태와 재생력을 좌우하기 때문에 텔로미어의 건강을 유지하는 것은 반드시 필요하다. 이때 마음챙김은 최적량의 텔로머라아제의 생성에 주요 변수로 작용한다. 텔로머라아제가 적절히 생성되면 우리의 건강 수명(건강하게 사는 기간)은 늘어나고 질병 수명(질병으로 삶의 질이 떨어져 건강하지 못하게 사는 기간)은 줄어든다.

기억력, 감정, 기분 조절의 최적화

완전히 구분된 서로 다른 뇌 영역도 일단 뇌가 활성화되면 그 기능이 서로 연결된다. 이 같은 연결 작용 덕분에 각기 다른 뇌 영역의 여러 가지 기능이 서로 조화를 이루며 균형 있게 유지되고 시너지를 내기도 한다.

마음챙김 수련을 꾸준하게 이어가면 우리 뇌는 서로 연결돼 통합된 상태를 만들어낸다. 마음챙김을 통한 기능 개선이 확인된 영역으로는 뇌량(우반구와 좌반구를 연결), 해마(기억을 관장하는 여러 가지 영역을 연결), 섬엽(신체와 피질을 연결), 전전두엽 피질(피질, 변연계, 뇌간, 신체 연결 및 사회성 관장) 등이 있다.

마음챙김을 통해 우리 뇌가 기능적, 구조적으로 통합된다는 것은 커넥톰connectome 연구를 통해서도 입증됐다. 커넥톰은 일종의 신경세포 지도로 우리 뇌의 각 영역이 서로 어떻게 연결되어 있는지를 보여준다. 연구 결과 마음챙김 수련은 커넥톰의 상호 연결성을 증가시키는 것으로 나타났다. 결과를 종합해보면 마음챙김 수련은 우리 뇌의 통합적 기능을 향상시키는 것으로 볼 수 있다. 요컨대 뇌 영역 간의 연결을 강화한다는 것은 마음챙김 수련이 기억력을 개선하고 기분을 좋게 하며 심각한 우울증을 예방하고 우리 삶의 회복력과 정서적 균형을 증진시키는 주요 메커니즘으로 작용한다는 뜻이다.

중독 예방

마음챙김은 알코올을 비롯한 각종 약물과 담배 등의 중독을 예방하는 데도 관여한다. 중독은 우리 뇌에서 생성하는 도파민 양의 급격한 변화와 관계가 있다. 그런데 명상은 도파민의 생성을 억제하는 효과가 있다. 이 둘의 상관관계에 대해서는 확실하게 입증된 바가 없다. 그러나 최근 한 연구 결과에서 명상 수련이 우리 뇌에서 보내는 신호를 좀 더 정확하게 구분하도록 돕는 것으로 나타났다. 즉, 좋아하고 선호하는 신호와 원하고 갈망하는 신호를 구분하는 것이다. 따라서 도파민 생성이 줄어들면 원하는 것과 필요한 것을 좀 더 쉽게 구분할 수 있는 것으로 추측할 수 있다.

원하는 것은 갈망이 되고 나아가 집착하게 만드는 출발점이다. 우리가 뭔가를 원하고 필요로 하고 갈망할 때 그것이 없으면 결코 만족함을 느끼지 못한다. 뭔가 부족하고 불충분한 상태가 지속되는 것이다. 반대로 뭔가를 좋아한다는 것은 나의 선호다. 특정한 때에 내가 좋아하는 것이 주어지지 않았다고 해서 부족함을 느끼지는 않는다. 뭔가 특별히 필요하다는 생각이 들지 않으면 만족감을 느끼고 정서적으로도 한층 단단해진다.

명상을 통해 도파민을 기반으로 한 우리 뇌의 보상 회로가 변화하면 특정 대상을 향한 갈망이 줄어든다. 이는 곧 중독에 취약했던 상태가 호전됨을 의미한다. 즉, 마음챙김을 통해 인식의 경험과 인식의 대상을 구분하는 능력을 갖게 되는 것이다. 이는 중독 이력이 있는 사람에게 꼭 필요한 정신적 역량으로, 인식이라는 개념에 대해 깊이 생각해볼 수 있는 바탕을 마련해준다. 또한 기존의 중독 물질을 사용하고 중독 행동을 하고 싶은 충동과 이것을 실행에 옮기는 것 사이에 틈을 형성하는데, 이 틈 속에는 선택과 자유가 존재한다. 다시 말해, 마음챙김은 건강하지 못한 습관과 중독이 우리를 선택하도록 허용하는 대신 우리 스스로 자신의 행동을 선택하도록 돕는다.

아래 표는 마음챙김이 가져오는 건강상의 주요 이점을 간략하게 요약하고 있다.

마음챙김의 건강 효과

이점	효과
정서적 효과	
집중력 강화	전전두엽 피질, 전대상 피질 등 집중력과 관련된 네트워크를 활성화하고 강화한다.
조절 능력 최적화	기능과 구조 측면에서 서로 다른 뇌 영역을 연결해 집중력, 감정, 기분, 생각, 기억, 행동, 도덕적 사고 같은 신경 활동을 최적화한다.
회복력 및 정서적 균형 증진	위기 상황에서 되도록 빨리 평정심을 찾도록 돕는다.
기억력 강화	각종 기억력을 강화하는 해마와 전전두엽 부위의 발달을 촉진한다.
공감 능력 증대	전대상 피질, 섬엽 등 공감 능력을 관장하는 뇌 영역을 강화한다. 이들 신경회로는 나와 다른 사람의 감정을 느낄 수 있는 관문 역할을 한다.
신체적 효과	
심혈관 기능 강화	혈압과 콜레스테롤 수치를 개선하고 뇌와 심장의 상호작용을 촉진한다.
감염 예방 및 치료	면역 체계를 개선해 감염 위험을 줄이고 병의 회복력을 강화한다.
노화 방지	텔로미어, 곧 염색체 끝단의 유지·보수를 관장하는 효소 텔로머라아제 양을 최적화함으로써 세포 건강을 증진하고 노화 속도를 늦춘다.

행동 개선의 효과	
스트레스와 불안 감소	스트레스 호르몬(코티솔) 수치를 낮추고 편도체의 크기를 줄여 평정심을 유지하도록 한다.
심각한 우울증 예방	우울증의 신호를 초기에 감지해 대처함으로써 재발과 악화를 방지한다.
식이장애 개선	신체의 기능을 조율해 심리적 욕구가 아닌 생리적 욕구에 따라 음식을 먹도록 유도한다.
중독 방지	자기인식 역량을 증대시키고 도파민 생성을 줄임으로써 지나친 욕구를 완화하고 중독에서 벗어나도록 돕는다.

3장。

삶의 목적이 분명해야
달라진다

인생의 방황은 내가 처한 환경 탓이 아니다.
삶의 의미와 목적이 없기 때문이다.

빅터 프랭클

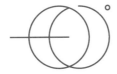

목적 없이 살면 안 되는 이유

그저 되는 대로 살아가고 있다면, 그리고 그런 자신의 모습이 한심하게 느껴질 때가 있다면 당신에게 필요한 것은 '목적'이다. 뚜렷한 목적의식을 갖고 사는 것은 곧 마음챙김의 실천을 의미한다. 이를 두고 심리학자 프랭크 마르텔라Frank Martela, 마이클 스티거Michael Steger는 이렇게 설명한다. "목적의 효과는 그것의 범위와 강도, 그리고 사람들의 인식 속에 목적이 존재하느냐에 좌우된다."

목적이 한때는 유효했지만 더 이상 의미 없게 되었다면 지금 현실에 맞게 다듬고 고치는 작업이 필요하다. 그러나 많은 사람이 이것을 무시한 채 분명한 목적 없이 흘러가는 대로 살아간다. 지금 내게 의미 있는 것이 무엇인가를 파악하는 데 마음챙김은 필수적이다.

마음챙김과 목적은 때로 기대가 충족되지 않거나 각종 난관에 부딪칠 때 우리가 흔들리지 않도록 잡아준다. 내 경우를 예로 들어 보자. 몇 년 전, 며칠간의 출장을 마치고 집으로 돌아왔을 때였다. 집으로 오는 길 내내 아들 알렉스와의 오붓한 산책만을 학수고대했다. 그러나 알렉스는 내게 그림을 그리고 싶다며 산책을 나가지 않겠다고 하는 게 아닌가. 나는 몹시 당황했다. 알렉스가 거절할 거라고는 꿈에도 생각하지 않았기 때문이다. 하지만 나는 이내 현실로 돌아왔다. 그리고 왜 아들과 산책을 가고 싶어 했는지 그 목적을 다시 떠올렸다. 아들에게 친구 같은 다정한 엄마가 되고 싶어서였다. 그러자 마음이 한결 편안해졌다. 잠시 후 나는 아들과 함께 그림 그리기 놀이를 하면서 따뜻한 저녁 시간을 보냈다.

나를 움직이게 하는 힘

아리스토텔레스는 인간이 느끼는 최상의 행복을 두 가지로 구분했다. 첫째는 자기 발전과 함께 인생의 목적이 되는 장기적인 목표를 추구하는 데서 오는 행복인 에우다이모니아eudaimonia, 둘째는 도파민의 갑작스러운 변화를 유발하는 단기적인 행복 헤도니아hedonia다. 물론 아리스토텔레스의 이 같은 주장을 뒷받침할 만한 과학적 근거는 없다. 그러나 전문가들의 연구 결과 인간은 이타적인 관점에서 목적을 달성하기 위해 열심히 노력하는 에우다이모니아를 더 선호하는 것으로 나타났다. 에우다이모니아를 추구하다 보면 지금 당장은 심리적으로 압박을 느낄 수 있지만, 장기적인 관점에서 헤도니아보다 심신의 건강에 훨씬 더 긍정적인 영향을 끼친다는 것이다. 산지브 초프라Sanjiv Chopra와 지나 빌드Gina Vild는 『가장 중요한 두 개의 날』이라는 책에서 이렇게 말했다. "행복이 무엇인지 정확히 모르는 상태에서 행복을 추구하다 보면 실패할 수밖에 없다. 쉬이 사라지는 단기적인 쾌락만 좇기 때문이다. 따라서 행복은 선택이다." 곧, 삶의 목적을 바탕으로 나 자신의 발전을 도모하는 행복을 추구할 때 비로소 제대로 된 행복을 찾을 수 있다.

그렇다면 인간은 왜 순간적인 만족보다 인생의 목적에 기반한 행복을 더 선호하는 것일까? 이에 대해 정신과 전문의 스티브 콜Steve Cole은 이렇게 설명한다. 만약 우리가 추구하는 행복의 대부분이 헤도니아에서 비롯된 것이라면, 마음먹은 대로 일이 잘 풀리지 않을 때마다 불행할 수밖에 없다. 이런 부정적인 감정은 우리가 느끼는 행복 전체를 위협한다. 반면 나 자신을 포함해 보다 많은 사람의 이익을 위해 특정한 목적에 가치를 두고 그것을 이루기 위해 노력하면, 그 과정에서 생각만큼 일이 안 풀려도 행복이라는 감정에 특별한 영향을 끼치지 않는다. 흔들리지 않는 삶의 목적에 가치를 두고 있기 때문이다.

심리학자 윌리엄 데이먼William Damon은 자신의 저서 『무엇을 위해 살 것인가』에서 삶의 목적에 관해 이렇게 설명했다. "삶의 목적은 일이 잘 풀릴 때는 그로 인한 기쁨을, 어렵고 힘든 시절에는 다시 일어설 수 있는 회복력을 준다. 이것은 우리 인생 전체에 똑같이 적용된다." 우리는 살면서 수많은 일을 겪는다. 난관에 부딪칠 때도 있고 낙심하는 일이 생기기도 한다. 연일 계속되는 심리적 압박에 시달리기도 한다. 하지만 뚜렷한 목적을 갖고 있으면 어려운 시기를 충분히 극복할 수 있는 힘을 얻는다.

삶의 목적이 분명하면 건강해진다

담배나 잘못된 식습관, 운동 부족, 스트레스 등 생활 습관에 문제가 생기면 각종 질병을 유발해 조기 사망의 원인이 된다는 사실을 우리는 익히 알고 있다. 그런데 혹시 삶의 목적이나 의미가 없어도 우리 건강에 위험을 초래할 수 있다는 사실을 들어본 적이 있는가? 최근 연구 결과 삶의 목적 부재는 각종 질병과 조기 사망을 유발하는 다른 요인만큼 우리 건강에 부정적인 영향을 끼치는 것으로 나타났다.

장수에 효과적이고, 행복한 노후를 보장하며, 기억력을 증진하는 신약이 출시됐다고 가정해보자. 이 약을 먹으면 병에도 안 걸리고 건강하게 살 수 있다. 믿을 수 없는가? 아니면 좀 더 알고 싶은가? 실제로 이 약은 이번에 새로 출시된 일명 기적의 약, 바로 삶의 목적이다! 삶의 목적이 분명한 사람은 그렇지 않은 사람에 비해 평균 수명이 길고, 심장마비나 발작의 위험도 낮다. 심지어 알츠하이머 발병률은 절반 이상 낮았다. 이들은 염색체 손상 위험이 줄고 좋은 콜레스테롤이 증가해 하루 종일 편안한 마음상태를 유지하면서 밤에는 숙면을 취했다.

삶의 의미와 목적에 관한 연구는 오스트리아의 빅터 프랭클Victor Frankle 박사로부터 시작됐다. 프랭클 박사는 홀로코스트 생존자로 수감번호 119104번을 달고 아우슈비츠 강제수용소에서 끝까지 살아남은 인물로 유명하다. 이후 『죽음의 수용소에서』라는 책을 펴내 수용소에서의 생활을 담아냈다. 이 책은 전 세계 심리학 연구에서 삶의 의미에 주목하는 중요한 계기가 되었고 프랭클이 개발한 로고테라피(의미요법)의 모태가 되었다. 강제수용소에 갇혀 있을 때 프랭클 박사는 뚜렷한 삶의 의미를 갖고 있는 수감자가 그렇지 않은 수감자보다 고문이나 노역, 굶주림 등을 훨씬 더 잘 견딘다는 사실을 발견했다. 프랭클 박사는 이 같은 사실을 프레드리히 니체의 말을 빌려 이렇게 표현했다. "삶의 이유를 가진 사람은 어떤 삶도 견뎌낼 수 있다."

이처럼 분명한 삶의 목적을 갖는 것은 삶의 의미와 행복, 자존감과도 관련돼 있다. 또 살면서 부딪치는 각종 난관을 위협이 아닌 새로운 도전으로 받아들이는 능력과도 밀접히 연관돼 있다. 바버라 해거티Barbara Hagerty 기자는 자신의 저서 『인생의 재발견』에서 이렇게 언급했다. "삶의 목적은 교육이나 부의 정도보다 인간의 장수와 행복에 훨씬 더 많은 영향을 끼친다." 요컨대 뚜렷한 목적을 갖고 있으면 삶에서 마주하는 어려움을 좀 더 큰 맥락에서 바라보게 되고, 따라서 부정적인 경험이나 상황도 긍정적으로 해석할 수 있는 힘이 생긴다.

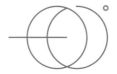

가장 중요한 것만 남기는 기술

삶의 목적을 찾기 위해서는 먼저 내가 무엇을 가치 있게 여기는지부터 깊게 들여다볼 필요가 있다. 이러한 가치는 여러 가지 요인으로부터 영향을 받는다. 여기에는 어느 나라에 살고 있는지, 어떤 교육을 받았는지, 어떤 사람들과 살아가는지, 어떤 인물을 존경하는지 등이 포함된다. 전 세계인의 가치관을 조사하는 세계가치조사는 세계 51개국 7천여 명을 대상으로 정기적으로 설문조사를 실시해 사람들이 가장 가치 있게 여기는 대상을 순위로 매긴다. 여기에는 독립심, 부, 안전, 쾌락, 사회공헌, 봉사, 환경, 전통 등이 포함된다. 그런데 출신 국가와 소득을 불문하고 봉사는 매번 상위에 오른다.

다음은 당신이 삶의 목적을 찾는 데 도움이 될 만한 몇 가지 질문이다.

- 내게 가장 중요한 것은 무엇인가?
- 내가 가장 가치를 두는 대상은 무엇인가?
- 존경하는 인물은 누구인가?
- 내가 살아가는 이유는 무엇인가?

당신의 다양한 역할에 맞춰 이 질문들의 대답을 생각해보면 삶의 목적과 함께 삶에서 가장 중요한 것이 무엇인지 찾을 수 있을 것이다. 삶의 목적을 굳이 먼 곳에서 찾을 필요는 없다. 이미 아주 친숙한 것에서 발견하는 경우도 많다.

맞벌이를 하는 여성들은 입을 모아 일과 가사의 균형이 중요하다고 강조했다. 그러면서 이들은 공통적으로 '일하고 살림까지 하면서 모든 걸 잘할 순 없다. 중요하지 않은 건 제쳐둬야 한다'는 점을 언급했다. 가장 중요한 것은 아이들의 행복과 안전이므로 여기에 집중해야 한다는 것이다. 컨설팅 회사를 운영하는 섀넌도 일을 하며 초등학생 두 아들을 챙기느라 늘 바쁘다. 더구나 업무적으로 해외 출장이 잦아 최소 한 달에 한 번은 집을 비운다. 출장에서 돌아오는 날이면 늘 그렇듯 집은 엉망이다. 그럴 때면 남편에게 잔소리하고 싶은 마음이 굴뚝 같지만 굳이 화를 내는 데 에너지를 쓰지는 않는다. 아이들이 건강하게 잘 있어줬으니 그것으로 됐다고 위안 삼는다. 가장 중요한 건 역시 아이들의 행복과 안전이기 때문이다.

올해 58세의 미미 과르니에리는 캘리포니아에서 통합의료센터를 운영하는 심장전문의다. 사실 전공을 결정할 때 주위 사람들은 과르니에리 박사가 심장의학과로 가는 것을 만류했다. 너무 힘들고 어려우니 좀 더 쉬운 분야를 택하라는 것이었다. 하지만 박사는 자신의 뜻을 굽히지 않았고 결국 심장전문의가 되었다. 그러나 심장전문의로 살아가는 일은 그리 녹록치 않았다. 과르니에리 박사는 심장전문의로 사는 인생을 황금 새장 안에 갇힌 삶으로 표현했다. 겉으로는 그럴듯한 직업이지만 365일 일에만 파묻혀 인생을 즐길 여유가 조금도 없기 때문이다.

박사는 결국 황금 새장을 탈출했다. 뚜렷한 삶의 목적을 찾았기 때문이다. "제가 마흔이 되었을 때 1년 동안 환자들에게 삽입한 스텐트 개수가 700개가 넘더라고요. 그만큼 수술을 많이 한 거죠. 뭔가 잘못됐다고 생각했어요. 그래서 그때부터는 수술보다는 환자들이 수술 단계까지 오지 않도록 예방하는 데 주력했어요. 생각해보니 저는 열심히 수술만 했을 뿐 병을 예방하는 일은 아무것도 하지 않았더라고요. 그래서 결심했죠. 의사로서는 실패한 인생을 살겠다. 심장병의 사후 치료가 아닌 사전 예방에 내 삶의 목적을 두겠다." 과르니에리 박사는 자신이 뒤늦게나마 삶의 목적의 중요성을 깨닫게 된 것은 모두 마음챙김 덕분이라고 말한다. 수십 년째 마음챙김을 실천 중인 박사는 환자들에게도 적극적으로 권유한다.

이렇게 생각할 수도 있다. '목적을 찾는 것, 말은 쉽지. 하지만 언제, 어느 시기에 찾아야 하는 걸까?' 명심하길 바란다. 삶의 목적은 내가 찾고 싶다고 해서 어느 순간 툭 튀어나오지 않는다. 평소 자신의 삶을 주의 깊게 들여다봐야 한다. 나의 가치관, 삶의 목표, 의미 있게 여기는 것 등을 생각해보고 거기서 찾아야 한다. 목표를 찾고 싶은 강한 욕구가 생겨도 그냥 무시하거나 어떤 행동도 취하지 않는다면 결국은 무기력해질 수밖에 없다. 반대로 일단 시작해 목적을 찾아간다면 시간이 흐를수록 삶의 의미를 발견하고 그것을 성취해 나갈 것이다. 그리고 또 한 가지, 목적은 얼마든지 바뀔 수 있고 축소되거나 확대될 수 있다. 또 삶의 단계가 변화할 때마다 다시 설정될 수 있다. 목적이 하나일 필요도 없다. 그것이 끝난다고 삶의 목적이 완성되는 것도 아니다. 물론 하나일 수 있지만 여러 개일 수도 있다. 내가 가진 역할과 책임에 따라 서로 다른 목적이 다양하게 존재할 수 있는 것이다.

바야흐로 100세 시대로 진입하면서 이제는 비단 청년기뿐 아니라 전 생애에 걸쳐 새로운 목적을 찾아야 할 필요성이 커졌다. 많은 사람이 여러 개의 직업을 갖게 될 것이며, 한 번 이상 결혼하는 사람도 크게 늘어날 것이다. 내 삶에 의미를 주는 다양한 관심사를 추구할 기회도 많아질 것이다. 이 같은 삶의 변화 속에서 우리는 새로운 시기를 맞을 때마다 또다른 목적을 찾아야 한다. 중요한 것은 목적을 찾는 데 그치지 않고 그것을 성취하기 위한 방법도 함께 고민해야 한다는 것이다. 이른바 '아홉수 사람들'에 대한 연구가 진행된 적이 있다. 29세, 39세, 49세처럼 새로운 10년을 앞둔 사람들이다. 연구 결과 이들은 나이가 들어간다는 것에 집중하고 있어 다른 때보다 삶의 의미를 찾는 데 훨씬 더 열중하는 것으로 나타났다. 왜 굳이 이때뿐이어야 하는가? 삶의 목적은 인생의 모든 시기에 찾아낼 수있다.

수많은 역할을 감당하며 사는 방법

삶의 목적을 찾아가는 과정에서 우리는 각자 다양한 모습의 집합체라는 것을 이해하고 받아들여야 한다. 인간은 여러 부분이 하나로 연결된 통합적 존재다. 여러 부분이 한데 뒤섞이는 게 아니라 그 모습 그대로 조화를 이루며 하나로 통합되는 것이다. 그렇게 통합된 상태에 이르면 각 부분의 조화를 느끼며 내가 맡은 다양한 역할을 좀 더 쉽게 넘나들며 수행할 수 있다. 우리는 사회인으로서, 대학생으로서, 부모로서, 친구로서, 봉사자로서 각 역할별로 다른 목적을 갖고 있다. 이렇게 다양한 역할이 통합된 자아는 특정한 지수로 측정할 수 없다. 전체는 부분의 합보다 훨씬 크기 때문이다. 특정 역할 수행 시 우리는 100퍼센트 그 역할로만 활성화된다. 예를 들어, 책을 쓰고 있는 지금 나는 100퍼센트 작가다. 그러나 15분 뒤 딸 매디가 문자를 보내면 그때는 100퍼센트 엄마로 돌아갈 것이다(두 역할을 동시에 수행하는 건 때로 무척 어렵다).

자아는 한마디로 정의하고 규정하기 어려운 존재다. 그리고 매번 바뀐다. 자아는 다양한 역할과 책임을 지닌 여러 부분의 조합으로, 우리에게 일과 개인의 삶 등 모든 부분이 원활하게 움직일 것을 요구한다. 우리의 역할은 계속해서 바뀌는데, 이는 곧 우리의 자아가 끊임없이 바뀐다는 것을 의미한다. 실제로 우리는 거의 매분 바뀐다. 나 역시 수많은 역할을 갖고 있다. 딸, 아내, 부모, 이모, 사촌, 선생님, 학생, 변호사, 작가, 사업가, 연사, 보호자, 친구, 멘토, 멘티, 봉사자, 평생학습자 등 무수히 많다. 이에 관해 시인 다이앤 애커먼은 이렇게 말했다. "우리는 모두 변신의 전문가이자 마술사다. 인생은 단수가 아닌 복수, 수많은 자아의 집합체다."

인간이 통합적 존재라는 사실을 인정하지 않으면 한 가지 역할에만 매몰되거나 혼란을 겪을 수 있다. 예를 들어, 지나치게 회사 일에만 몰두해 일이 삶 전체를 장악해버리면 스스로를 1차원적 존재로 느낄 수 있다. 가족이나 친구 등 우리 삶의 중요한 부분들을 놓치게 되기 때문이다. 또 어느 역할도 제대로 할 수 없을 것 같은 혼란을 느끼기도 한다. 마음챙김을 통해 지금 이 순간에 집중하면서 동시에 삶의 목적을 갖는 것이 중요한 이유가 바로 여기에 있다. 이 두 가지를 겸비하면 우리 삶에 뚜렷한 방향이 생긴다.

과거의 점들은 결국 하나로 이어진다

인간은 누구나 자기 자신을 깊이 알고자 노력한다. 현생 인류가 '호모 사피엔스 사피엔스'라 불리는 이유도 바로 이 때문이다. 이것의 어원은 '내가 알고 있다는 사실을 아는 자'라는 의미다. 좀 더 정확하게 말하면 인간은 자전적 서사, 곧 '나의 이야기를 말하는 자'로 표현할 수 있다. 자신의 이야기를 정확히 이해함으로써 우리는 내가 지금까지 걸어온 길과 앞으로 나아가야 할 길을 안다. 내 이야기를 아는 것은 곧 내 과거와 현재, 미래를 인식하는 것이다. 자신만의 이야기를 제대로 인식하면 비로소 잠재력을 발견해 지금까지 걸어온 길에서 벗어날 수 있는 용기가 생긴다. 그러고 나면 삶의 목적도 좀 더 큰 범위에서 아우를 수 있다.

나만의 이야기를 탐색하는 과정은 과거를 돌아보고 미래를 찾아가는 것에서부터 시작한다. 내 삶을 온전히 이해하려면 반드시 과거를 들여다봐야 한다. 이에 대해 스티브 잡스는 이렇게 말했다. "미래의 점들은 연결할 수 없다. 다만, 현재와 과거의 점들만 연결할 수 있을 뿐이다. 그러나 미래에는 이 점들이 어떻게든 연결된다. 여러분은 이 사실을 믿어야 한다. 직감이나 운명, 인생, 카르마 등 무엇이든 믿어야 한다." 때로 지나온 길을 뒤돌아보면 전혀 다른 삶의 과정들이 마치 하나의 실처럼 연결돼 보일 때가 있다. 하나의 푯대를 중심으로 빙 둘러싼 것처럼 느껴진다. 그 푯대가 바로 우리를 이끌고 수많은 이야기를 연결한다. 우리는 그 속에서 삶의 의미와 목적을 발견한다. 자, 그럼 잠시 내 지난날을 돌아보고 전혀 관련이 없을 것 같은 내 인생의 두 점이 하나로 연결되는 것은 없는지 생각해보자. 내 이야기를 예로 들어보겠다.

내 삶의 이야기는 위스콘신 다리엔 마을의 한 농장에서 시작된다. 우리 가족은 젖소 700마리를 기르는 커다란 농장을 운영했다. 4남매 중 맏이로 태어난 나는 연달아 남동생만 둘을 봤다. 그리고 몇 년 후 그토록 소원하던 막내 여동생이 태어나 우리 집은 딸 둘, 아들 둘이 됐다. 엄마는 본인만의 규칙이 강한 분이셨는데, 내가 제일 속상했던 건 남자 형제들은 자유롭게 밖에서 놀게 하면서 나와 여동생은 늘 집에서만 놀게 하신 것이다. 하루에 한 번 유일하게 문 밖 출입이 허용된 것은 암탉이 낳은 계란을 가지러 갈 때였다.

고등학교 1학년에 막 올라갔던 어느 봄날, 나에게 전보 한 통이 날아왔다. 전보에는 이렇게 쓰여 있었다. "아메리칸필드 서비스 프로그램에 합격해 이란 쉬라즈 소재 홈스테이에 배정되었습니다." 사실 나는 그 프로그램에 지원해놓고도 부모님께 말씀드리지 않았는데, 내가 뽑힐 거라고는 생각도 못 했기 때문에 괜히 떠벌리고 싶지 않아서였다. 합격 소식이 알려지자 부모님은 깜짝 놀라셨다. 곧바로 우리 가족은 브래태니커 백과사전을 꺼내 이란이라는 나라가 어디에 있는지부터 확인했다(부모님은 페르시아라는 이름으로 알고 있었다). 당시 우리 가족 중에는 비행기를 타본 사람이 아무도 없었다. 그래서 내가 비행기를 타고 뉴욕, 이스탄불, 베이루트를 경유해 테헤란까지 간다는 사실에 부모님은 기절할 노릇이었다. 하지만 결국 부모님은 허락했고, 몇 달 뒤 여름, 나는 내 인생을 완전히 바꿔놓은 테헤란행 비행기에 올랐다.

처음에 이란에 갔을 때는 교환학생으로서의 경험이 내 인생의 목적에 어떻게 부합할지 전혀 예상하지 못했다. 하지만 시간이 흘러 돌이켜보니 몇 개의 점들이 하나의 선으로 이어졌다. 수많은 모험을 경험했던 지난날 삶의 여정을 돌이켜보니 어렸을 때부터 꿈꿔온 내 삶의 목적 중 하나는 평생 공부하는 사람으로 남는 것이었다. 이란에서의 교환학생 기간을 마치고 집으로 돌아오는 비행기에서 한 가지 사실을 깨달았다. 그해 여름 이란에서 공부하며 배운 것이 미국에서 10년간 배운 것보다 훨씬 많다는 것을 말이다. 이때의 깨달음은 내가 여러 환경에서 다양한 도전을 하는 데 큰 밑거름이 됐다. 몇 년 뒤에는 일본으로 건너가 3년 동안 일을 했고, 수많은 나라를 여행하며 다양한 체험을 했다. 언뜻 보면 이 점들은 전혀 연관성이 없어 보인다. 그러나 내가 명상을 처음 접한 것이 일본에 건너갔을 때인 것을 생각해보면, 어릴 때 낯선 이국땅에서 살았던 경험이 시작점이었던 것이 아닐까. 나는 지금 마음챙김이 우리 일상에서 최대한 실용적으로 활용될 수 있도록 최신의 연구 결과를 접목하는 일을 하고 있다. 마치 어린 내가 미리 계획이라도 한 듯 40년 전부터 지금까지 여러 개의 점이 하나의 선으로 이어진다. 자, 당신도 마찬가지다. 지난날의 경험과 일들을 돌이켜보면 각각의 점들이 하나로 이어진다는 사실을 깨닫게 될 것이다.

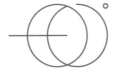

모든 것을 완벽하게 해내는 사람은 없다

삶의 목적을 찾아야 한다는 말은 다소 진부하게 들릴 수도 있다. 하지만 정작 삶의 목적이 무엇인지 이야기해달라고 하면 대부분은 얼버무리며 잘 대답하지 못한다. 이는 목적에 대해 진지하게 생각하며 살지 않았기 때문이기도 하고, 대부분이 삶의 목적이라는 것을 단단히 오해하고 있기 때문이기도 하다.

　그래서 이번에는 사람들의 흔한 오해 3가지를 살펴보고자 한다. 이것은 심리학자 헤더 말린Heather Malin이 『목적 수업』에서 언급한 내용이다.

첫 번째 오해: 목적에는 열정이 필요하다

우리는 종종 이런 말을 듣는다. "마음속의 열정을 발견하세요."
하지만 삶의 목적이 꼭 우리가 열정을 느끼는 대상일 필요는 없다.
삶의 목적이 우리에게 가장 중요한 게 아니라는 뜻은 아니다. 단
지 목적과 열정이 분리될 수 있다는 의미다. 혁신가 빌 버넷Bill Burnett
과 데이브 에반스Dave Evans의 연구 결과 우리 중 80퍼센트 이상이 내
면의 열정을 발견하지는 못했지만 여전히 목적 있는 삶을 추구하
고 있는 것으로 나타났다. 따라서 반드시 자신이 열정을 느끼는 것
을 삶의 목적으로 수립할 필요는 없다. 물론 삶의 목적을 이루는 것
들 중에 열정을 느끼는 대상이 있을 수는 있다. 목적과 열정이 서로
배타적인 개념이 아니기 때문이다. 이를 두고 말린은 이렇게 설명한
다. "열정을 느끼는 대상이 삶의 목적으로 연결되면 더할 나위 없이
좋겠지만, 굳이 목적을 열정과 같은 강도로 경험할 필요는 없다. 열
정은 그 강도가 강하지만 때로는 쉽게 생겼다 쉽게 사라진다. 그러
나 목적의 불씨는 한번 불이 붙으면 서서히 오래도록 타오른다. 열
정처럼 확 타올랐다가 이내 사그라지지 않는다."

두 번째 오해: 목적은 단 하나, 끝나면 사라진다

일생 동안 오직 하나의 목표만 추구하며 나아갈 필요는 없다. 실
제로 우리는 동시에 여러 가지 역할을 갖고 살아가기 때문에 역할
에 따라 목적도 다르고, 시간이 지나면서 새로운 목적이 추가되기도

한다. 목적이 있기에 우리는 인내하고 노력한다. 이 과정에서 내 역량이 강화되기도 한다. 이것이 목적의 속성이다. 필요에 따라 목적을 바꿀 수 있는 능력이 있으면 우리는 목적 있는 삶이 주는 혜택을 계속 누릴 수 있다. 삶의 방향을 바꾸거나 변화가 필요한 시기를 만난다면 목적 또한 변할 수 있다.

세 번째 오해: 삶의 목적은 특별한 사람만이 가질 수 있다

마음챙김과 마찬가지로 삶의 목적도 누구나 똑같이 누릴 수 있다. 목적을 찾기 위해 특별한 기술이나 도구가 필요한 것도 아니다. 살면서 힘든 시기를 보내고 있거나 먹고사느라 정신없는 와중에도 얼마든지 목적을 찾을 수 있다. 실제로 목적은 고난의 시기를 견디는 데 큰 도움이 된다. 이를 두고 말린은 이렇게 설명한다. "대부분의 심리학자는 목적이 힘든 시간을 견디고 성장하며 발전하는 데 아주 중요한 자산이 된다고 언급한다. 실제로 목적이 어려움에 처한 이들에게 가장 강력한 해결책이다. 따라서 목적은 사치품이 아닌 필수품으로 인식되어야 한다."

당신도 오해를 하고 있었는가? 그렇다면 일단 목적을 갖는 첫 단계로 나아가보자. 바로 이것이 내게 가장 중요한 것을 찾기 위한 출발점이다.

근거 없는 믿음을 떨쳐버리기

　나 자신에 대한 근거 없는 믿음에는 뭐가 있을까? 좀처럼 떨쳐지지 않아 우리 삶까지 지배해버리고 마는 믿음 말이다. 나는 내면의 목소리에 귀 기울이기 시작하면서 우리 사무실 직원이나 인터뷰 대상자, 워크숍 참석자 등 다양한 여성들의 목소리를 좀 더 주의 깊게 들었다. 그러자 한 가지 깨달음을 얻을 수 있었다. 여성이라는 존재는 나이나 신분을 막론하고 비슷한 어려움을 겪고 있다는 사실이다. 대부분의 여성은 사실 여부와 상관없이 사회 속에서 만들어져 내려오는 뿌리 깊은 편견에 스스로 갇혀 있었다. 여성은 스스로의 능력과 기술, 가치를 실제보다 낮게 평가한다. 그래서 여성들의 마음속에는 늘 '난 부족해', '난 그럴 자격이 없어'라는 두 가지 믿음이 존재한다. 그래서 자신의 가치나 공로를 충분히 인정할 만한 상황에서도 그렇게 하지 못한다. 실리콘밸리에서 컨설턴트로 일하는 한 여성 기업인을 인터뷰한 적이 있다. 그녀는 성공한 여성 중에도 자신의 능력을 과소평가하며 가면 증후군에 시달리는 사람이 얼마나 많은지 깨닫고는 큰 충격을 받았다고 했다. 가면 증후군이란 자신이 이뤄낸 업적을 스스로 받아들이지 못하는 심리 현상이다.

　조이를 예로 들어보자. 그녀는 전문 치료사로 임상 분야에서 다양한 경험을 가진 최고의 실력자다. 가정에서도 두 아이의 엄마로서 최선을 다한다. 쉬는 날이면 가까운 친구나 가족을 불러 음식을 대접하고 가족들의 생일도 꼼꼼히 챙긴다. 하지만 조이는 처음에 나의 인터뷰 요청을 거절하며 이렇게 말했다. "저 같은 사람이 무슨 인터뷰를 해요. 너무 부족한 걸요. 지금보다 더 많은 걸 이룰 수 있었는데 그러지 못했어요. 제가 더 뛰어났다면 훨씬 더 나은 삶을 살고 있겠죠." 많이 들어본 논리 아닌가?

남자들이 성공 요인을 자신의 핵심 역량으로 꼽는 것과 달리 여자들은 대개 운이나 노력, 주변의 도움으로 그 공을 돌린다. 학생들도 마찬가지다. 남학생들은 자신의 학점을 과대평가하는 반면 여학생들은 과소평가한다. 그래서 취업을 할 때도 여학생들은 모든 조건을 갖추고도 원서를 내지 않는 경우가 있는 반면 남학생들은 60퍼센트 조건만 갖추고도 당당히 지원하곤 한다. 더욱이 첫 직장에서 연봉을 협상하는 비율도 남자는 60퍼센트가 넘지만 여자는 고작 10퍼센트에도 못 미친다.

많은 여성이 나이나 사회적 위치, 교육 수준에 상관없이 자신의 힘과 역량을 늘 '부족하다'고 여긴다. 이것은 앞서 살펴본 하향식 사고 체계의 필터 효과 때문이다. 이런 사고 체계는 우리의 생각과 행동뿐 아니라 스스로에 대한 인식에까지 영향을 끼친다.

'나는 똑똑하지 않아', '나는 유능하지 못해', '나는 속도가 느려', 등의 생각은 모두 '나는 부족해'의 연장선에 있다. 각자의 경험을 대입해보자. 우리는 종종 특정 상황에 속도를 맞추지 못하거나 나만의 방식이 받아들여지지 않으면 자신에게 뭔가 문제가 있다고 생각한다. 지금까지의 다양한 경험을 통해 머릿속에 입력된 기억이 스스로에 대한 시각까지 형성하기 때문이다. 인터뷰를 진행한 모든 여성에게 나는 이제 막 사회생활을 시작한 젊은 여성들에게 조언을 해달라고 부탁했다. "가면을 벗어 던지세요." "여러분은 이미 충분한 능력을 갖고 있습니다." "여러분 자신이 되세요." 대부분의 조언이 여성들이 믿는 어긋난 믿음에 대한 내용이었다.

이처럼 어긋난 믿음은 여기서 그치지 않는다. '자기 돌봄, 곧 스스로를 보살피는 것은 이기적이다'라는 또 다른 오해가 있다. 이때 자기 돌봄에는 자기 자비도 포함된다. 많은 여성이 자기 자신보다는 가족이나 친구, 동료 등 다른 사람을 먼저 챙긴다. 그렇게 하지 않으면 스스로 이기적이고 자기중심적이며 자만했다고 생각한다. 이러한 생각은 사회·문화적 기대, 가족과 친구들의 기대, 그리고 나 자신에게 스스로 부과한 기대에서 비롯된다.

잠시 숨을 고르고 생각해보자. 각자 자신에게 친숙한 이런저런 믿음이 떠오를 것이다. 내 경우는 '난 모든 걸 다 할 수 있어'라는 믿음이었다. 평생을 이 생각에서 벗어나지 못했다. 이 책을 쓰면서 수많은 여성을 인터뷰하기 전까지도 나는 대부분의 여성, 특히 내 또래 여성들은 이런 믿음을 갖고 있을 거라 생각했다. 하지만 내 착각이었다. 적어도 내 다음 세대 여성들, 그러니까 지금의 20~50대 여성은 더 이상 이런 믿음을 갖고 있지 않았다. 그렇다 해도 여전히 많은 여성은 모든 걸 잘 해내려 애를 쓴다. 그럴 필요가 없다는 사실을 쉽게 받아들이지 못한다.

'난 모든 걸 다 할 수 있다'는 믿음은 일상에서 다음과 같은 언어로 표현된다. "이번 주말까지는 충분히 끝낼 수 있어." 혹은 "이번 프로젝트가 끝나면, 이직을 하면, 수습 기간이 끝나면, 남편이 살림을 도와주면, 아이들 모두 대학에 가고 나면 시간이 날 거야." 정말 그런 마법 같은 미래가 올까?

우리는 늘 이렇게 생각한다. 좀 더 시간이 지나면 지금보다 여유로울 거라고. 그런데 곰곰이 생각해보라. 그런 여유가 실제로 찾아왔는지, 더 많은 시간이 내게 주어졌는지. 그렇게만 된다면 더할 나위 없겠지만 대부분의 경우는 그렇지 않다. 늘 그렇듯 우리는 시간에 쫓기며 살아간다. 더 많은 시간이란 요원한 꿈일 뿐이다. 평생을 교직원으로 근무해온 시어머니는 은퇴 후 한두 달쯤 지나고 내게 이렇게 말했다. "아마 너도 나이를 먹을수록 점점 더 시간이 없다고 느껴질 거다." 처음에는 말도 안 되는 소리라고 생각했다. 워킹맘으로 더없이 바쁘게 살아가던 때였다. 지금보다 더 바쁘고 여유 없는 삶은 상상조차 되지 않았다. 그런데 시어머니의 말이 맞았다. 정말 그랬다.

여성들이 갖고 있는 이런저런 믿음은 인생을 사는 데 전혀 도움이 되지 않는다. 지극히 파괴적이며 비생산적이다. 그러나 매우 강력하다. 이러한 믿음에서 빠져나올 때 비로소 균형을 잃고 바쁘게 굴러가는 일상조차 내 능력이 부족한 탓이라는 생각에서 벗어날 수 있다. 매일같이 반복되는 일상이 어떻게 자로 잰 듯 균형 있게 굴러갈 수 있겠는가? 어지럽고 복잡한 건 우리 삶의 근본적인 속성이다. 이 점을 이해하고 받아들여라. 하루 일과는 계획된 시간표대로 흘러가기도 하지만 중간중간 예상치 못한 일이 발생하기도 한다. 그래서 어떤 날은 운동을 못 할 수도, 아이를 학교에 바래다주지 못할 수도 있다. 간혹 출근 시간에 늦기도 한다. 이 모든 일이 하루에 일어날 수도, 한 주에, 혹은 몇 주에 걸쳐 일어날 수도 있다. 하지만 대부분의 사람은 매일같이 반복되는 이런 일과를 성공적으로 완수하기 위해 노력하고, 일이 어긋나면 스트레스를 받는다.

각자의 상황은 얼마든지 변한다. 이 또한 삶의 속성이다. 내가 모든 것을 완벽하게 해낼 수는 없다는 것, 삶이 원래 복잡하고 유동적임을 받아들이는 것은 나에 대한 수많은 기대와 요구에서 조금씩 벗어나는 첫걸음이 된다. 이와 함께 마음챙김을 실천하며 지금 이 순간에 최대한 집중하다 보면 스스로를 괴롭혔던 믿음에서 벗어나 좀 더 안정적인 삶을 누리게 될 것이다.

내면의 자원을 늘리는 방법

인도에서 태어난 신경과학자 아미쉬 자는 부모님이 명상하는 모습을 보며 자랐다. 하지만 명상이 딱히 중요하게 느껴지지도, 그런 부모님을 감사하게 생각하지도 않았다. 오히려 반항심만 커졌다. 그러다 아버지가 돌아가신 후 어머니가 생각보다 쉽게 회복하는 모습을 보면서 자의 생각도 조금씩 바뀌어갔다. 자는 명상을 둘러싼 과학적 효과가 궁금해지기 시작했다. 이제 자는 명상의 긍정적인 효과를 연구하는 학자가 되어 폭넓은 연구를 진행하고 있다. 특히 긴급구조대원, 학생, 의료 전문가, 군인들을 대상으로 집중적으로 연구한다. 최근 자 자신도 이른바 '엄마의 명상법'을 좇아 명상 수련을 시작하기로 마음먹었다. 그러다 얼마 전 뎅기열로 고생한 엄마에게 전화를 걸었다. 병을 앓았다는 사실이 무색하게 엄마는 완벽한 마음챙김을 실천하고 있었다. 오직 딸과의 전화 통화에만 집중했다. 그러고는 말했다. "이게 바로 명상 수련이란다. 삶을 살아가는 방식이지."

연구실 책임자로서, 엄마로서, 아내로서, 친구로서, 딸로서, 언니로서 또한 학자로서 자는 이 땅의 여성들이 직면한 수많은 부담을 충분히 이해한다. 그러면서 이렇게 말했다. "여성의 어깨에 지워진 수많은 부담은 마음속 인지 자원의 고갈로 이어진다. 예를 들어, 아무 잘못 없는 아이들에게 잔소리를 퍼붓는 것도 이런 이유 때문이다. 엄마들도 정말 그러고 싶지 않다. 아이들에게 필요한 건 잔소리가 아니라는 사실도 아주 잘 안다. 그래도 얼른 준비해서 학교에 가줬으면 하는 마음이 앞서 어쩔 수 없이 잔소리를 하게 된다. 결국 내게 주어진 모든 역할을 완벽히 해내기란 어렵다는 사실을 우리 스스로 잘 알고 있다. 쇼핑을 하거나 휴가를 가고, 운동을 한다고 그 모든 역할을 더 잘해낼 수 있는 건 아니다. 어떤 것도 도움이 되지 않는다.

이에 대한 돌파구로 자는 '자신의 마음 상태가 스스로를 찌르지 못하게' 하도록 연습 중이다. 마음챙김 수련 덕분에 자는 삶의 전반을 재정비할 수 있게 되었다. 마음챙김 수련에는 일상에서 실천할 수 있는 '엄마의 명상법'이나 홀로 조용한 시간을 갖는 비형식적 수련도 포함된다. 자는 여성에게 있어 마음챙김은 일종의 생명선이라고 믿는다. 마음챙김 수련을 통해 내면의 자원을 늘림으로써 회복력을 기를 수 있다. 그리고 가장 필요한 때에 그 힘을 사용할 수 있다.

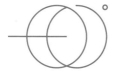

죽을 때 가장 많이 후회하는 5가지

삶의 목적을 찾거나 갖는 것이 죽음과 무슨 상관이냐고 생각할 수 있다. 그러나 자신이 찾고자 하는 삶의 진정한 목적은 죽는 순간을 떠올렸을 때 갑자기 찾아오기도 한다. 호스피스 병동 간호사 브론니 웨어Bronnie Ware는 죽음에 임박한 환자들을 돌보며 그들이 가장 많이 후회하는 5가지를 정리했다.

첫 번째 후회: 내가 진정으로 원하는 삶을 살걸

앞에서 다룬 내용에서 다른 사람의 판단과 기대에서 벗어나 나 자신만의 이야기를 만들어가는 것이 중요하다고 언급했다. 핵심은

161

삶의 목적을 찾을 때 내가 진정으로 원하고 믿는 것은 무엇인지 내면의 목소리에 귀를 기울여야 한다는 것이다. 충분한 시간과 여유를 갖고 내게 진정으로 의미 있는 것이 무엇인지 생각해봐야 한다. 그러나 오늘날처럼 각종 소셜 미디어와 인터넷에 쉽게 의존해버리는 세상에서 스스로 깊은 내면을 들여다보기란 결코 쉽지 않다.

미셸 오바마는 오바마 전 대통령과 처음 만나고 한두 달 후 이런 생각을 했다고 한다. '버락은 자신감 하나는 끝내주지. 정말 놀라울 정도야. 음, 그런데 만약 내가 그 남자와 결혼해 함께 산다면? 그래도 그 자신감이 좋기만 할까? 버락은 뚜렷한 목적을 갖고 있어. 내가 그의 아내가 되어 그 목적을 공유한다는 건 철저히 내가 맞춰줘야 한다는 것을 의미해. 침대에서 같이 잠을 자고 식탁에서 함께 밥을 먹으면서도 말이야. 버락이 자신의 목적을 뽐내고 과시해서가 아니라 그 목적이 너무도 분명하고 생생하기 때문이야.' 이후 미셸은 일기장 첫 페이지에 이렇게 적었다. '첫째, 내가 뭘 하고 싶은지, 어떤 방향으로 나아가야 할지 잘 모르겠어. 나는 어떤 사람이 되고 싶은 걸까? 나는 이 세상에 무엇을 기여하고 싶은 걸까? 둘째, 버락과 점점 진지한 관계로 발전하고 있어. 나 자신을 좀 더 잘 관리해야 해' 이와 거의 비슷한 시기에 미셸은 다음과 같은 사실을 깨달았다. '학교를 다니는 동안 나는 한 번도 내 열정에 대해 깊이 고민해본 적이 없어. 그 열정이 내가 하고자 하는 일과 어떻게 연결될 수 있는지 생각조차 해보지 않았지.' 우리도 예외가 아니다. 대부분의 사람은 젊은 시절이 한참 지나서야 비로소 내가 진짜로 원하는 게 무엇인지 고민하기 시작한다.

두 번째 후회: 일만 너무 열심히 하지 말걸

회사 일을 포함해 삶의 특정 영역에만 지나치게 몰두하는 건 바람직하지 않다.

세 번째 후회: 내 감정을 솔직하게 표현할걸

나의 직접적인 경험이나 감각은 무척 소중하다. 이 같은 경험이나 감각은 마음챙김 상태일 때만 체험할 수 있다. 마음챙김을 하게 되면 생각의 연결고리에서 벗어나 나의 오감을 마음껏 느끼고 체험한다. 내 감정에 솔직하게 다가서야 그것을 잘 표현할 수 있게 된다.

네 번째 후회: 친구들과 더 가까이 지낼걸

친구 관계를 잘 이어간다는 건 생각만큼 쉽지 않다. 특히 이제 막 직장 생활을 시작했거나 아이를 낳아 기를 때처럼 내가 맡은 책임에 집중해야 할 시기에는 더욱 그렇다. 브론니 웨어는 우리 삶에서 친구가 지니는 가치를 이렇게 설명한다. "오랜 친구는 내 모든 역사를 알고 나를 이해해준다. 친구 관계가 주는 가장 큰 효용 두 가지다. 그러나 생활이 바빠지면 친구 관계도 점차 소원해진다. 인생을 살다 보면 수많은 사람을 만나고, 수많은 사람과 헤어진다. 친구도 마찬가지다. 그러나 내게 정말 소중한 사람들과는 관계를 계속 유지해야 한다. 그리고 이를 위해서는 얼마간의 노력이 반드시 필요하다." 좋은 친구 관계가 우리의 건강 및 삶의 질에 미치는 효과는 이미 과학적으로도 입증됐다. 실제로 원만한 대인 관계를 맺지 못하는 경우 비만보다 더 큰 건강상의 위험을 초래하고 하루에 담배 15개비를 피우는 것보다 우리 몸에 더 안 좋은 영향을 끼치는 것으로 나타났다.

다섯 번째 후회: 더 많이 행복해하며 살걸

장기적인 목표를 추구하는 데서 오는 행복인 에우다이모니아에 대해 기억하고 있을 것이다. 행복은 우리의 선택이다. 내게 진정으로 의미 있는 것이 무엇인지 깊이 고민하면 그것이 곧 삶의 목적이 되고, 그 목적을 성취함으로써 우리는 행복에 이를 수 있다.

자기를 돌보는 건 이기적인 행동이 아니다

마음챙김을 실천하고 삶의 목적을 갖기 위해 또 한 가지 꼭 필요한 게 있다. 그 중요성을 수없이 강조해도 좀처럼 실천하기 어려운 것, 바로 나 자신을 돌보는 것이다. 여기서는 '자기 돌봄'이라고 표현하겠다. 좁게 보면 미용실에서 머리를 자르거나 커피숍에서 커피를 마시는 것도 자기 돌봄이다. 그러나 좀 더 넓은 의미에서 보면 자기 돌봄은 내게 소중한 가족이나 친구를 보살피고 위로하듯 나 자신을 아끼고 사랑함으로써 육체적, 정서적, 사회적, 정신적 안녕을 추구하는 모든 행위를 포함한다. 비행기에서 긴급 상황이 발생하면 제일 먼저 산소마스크부터 착용한다. 이것은 나 자신을 돌보는 가장 전형적인 사례다. 본능적으로 주변 사람, 특히 부모인 경우 아이부터 먼저 챙겨야 한다는 생각이 들 수 있지만 정석대로라면 일단 나부터 챙기는 게 맞다.

자기 돌봄과 관련해 인터뷰를 진행하면 한결같이 비슷한 대답이 나온다. "나를 돌보는 방법 같은 건 배운 적이 없다." "나는 그렇게 해본 적도 없고 못 한다." "도저히 나를 돌볼 시간이 나지 않는다." 그리고 상당수는 '나는 이기적이지 않다'고 생각한다. 해야 할 일을 적은 목록에 나를 위한 항목은 아예 없기 때문이다. 이른 아침부터 밤늦게까지 회사 일 하랴 아이들 돌보랴 남편과 부모님 챙기랴 온종일 정신이 없다. 여기에 한 번씩 친구가 도움을 요청하기도 하고 생각지 못한 일이 터지기도 한다. 그러다보면 어느새 잘 시간이고 몸과 마음은 이미 녹초가 돼 있다. 이런 상황에서 나를 챙길 시간은 사치로 느껴진다.

하지만 자신을 챙기지 못하는 사람은 몸이든 마음이든 어디 한 구석이 기어이 고장 난다. 자기를 돌보기 위해 이른바 '자기 돌봄 시스템'을 만든 이들의 이야기를 들어보자. 심리치료사인 켈리는 집안의 가장으로 생계를 책임지느라 바쁘지만 이 시스템을 통해 정기적으로 자기 돌봄 시간을 갖는다. 정기적으로 날짜를 정해두고 그날에는 무조건 자기 자신을 위한 시간을 갖는 것이다. 남편과 저녁 데이트를 하거나 혼자서 조용히 책을 읽는다. 또 어떤 날은 수영을 하고 가까운 공원으로 나들이를 가기도 한다.

이렇게 나를 돌보는 시간 없이 늘 다른 사람만 챙기는 일상이 반복되면 우리는 어떻게 될까? 마음챙김 강사 샤론 샐즈버그는 자기 돌봄이나 자기 자비의 필요성은 망각한 채 다른 사람에게만 지나치게 관대할 경우 우리 마음속에 분노와 억울한 감정이 쌓인다고 지적한다. 샤론은 타인에 대한 관대함의 목적과 의도를 잘 생각해보라고 말한다. "화가 나는 감정을 품고 다른 사람을 돌보는 건 진정한 관용이 아니다. 인간은 끊임없이 주기만 할 수는 없다. 누구에게나 자신을 돌보며 휴식을 취하는 시간이 꼭 필요하다."

꿈을 좇는 것 또한 자기 돌봄 행위 중 하나다. 10대 자녀 두 명을 홀로 키우고 있는 싱글맘 탄비는 과거에 한 대형병원에서 체중감량 센터 관리자로 일했다. 당시 아이를 임신 중이었던 탄비는 스스로에게 이렇게 약속했다. '아이가 태어나면 다시 학교로 돌아가 간호학 학위를 따야지.' 이후 탄비는 자신과의 약속대로 집 근처 어린이집에 아이를 맡기고 간호대학에 입학해 학업을 시작했다. 꿈을 이루기 위해서였다. 이제 6개월 후면 탄비는 학교를 졸업한다. 어려운 여건에서도 학업을 계속할 수 있었던 이유를 탄비는 이렇게 설명했다. "대학 졸업장이 있으면 병원에서 좀 더 전문적인 일을 할 수 있다고 생각했다. 그 생각 하나로 여기까지 왔다."

자기 돌봄은 삶의 목적을 이뤄가는 데 반드시 필요한 부분이다. 세계적인 선승 조안 할리팩스Joan Halifax는 자신의 저서 『가장자리에 서서』에서 이렇게 고백했다. "죽음이 임박한 사람들을 오랜 시간 돌보며 내 몸과 마음은 지칠 대로 지쳐 있었다. 아무것도 하기 싫었다. 그저 나 자신부터 돌봐야 한다고 생각했다. 내게는 낮잠을 자고, 등산을 하며, 책을 읽고, 명상을 하는 시간이 간절했다. 무엇보다 그저 아무 생각 없이 한없이 늘어져 있고 싶었다. 모든 것에 정지 버튼을 누른 채 재충전할 시간이 필요했다!"

자기 돌봄을 실천하는 것은 목적 성취에도 아주 중요한 부분이다. 한 조사에 따르면 성별에 상관없이 기업의 경영진은 낮은 직급의 사람들보다 수면 시간이 더 긴 것으로 나타났다. 연구자들은 이것을 어떻게 해석했을까? 경영진은 회사 업무와 자기 돌봄을 똑같이 우선시했다. 즉, 모든 걸 다 잘할 수는 없다는 것을 인정하고 자기 돌봄의 필요성을 인식했다. 자신을 위해서일뿐 아니라 직업적인 성취를 위해서도 자기 돌봄은 반드시 필요하다.

이제 자기 돌봄의 범위를 좀 더 넓게 확장해보면 어떨까? 단지 어렵고 힘든 상황에서뿐 아니라 그저 평범한 일상에서, 혹은 기쁨의 순간에도 나를 지지하고 응원하는 것이다. 자, 내 모든 기쁨과 슬픔을 함께해줄 진정한 친구를 하나 찾아보자. 위로가 필요한 순간에는 함께 울어주고, 축하할 일이 있을 때는 같이 기뻐해주는 그런 친구 말이다. 멀리서 찾을 필요 없다. 그 친구는 바로 나 자신이다. 오로지 자신만이 유일하게 자신의 영원한 지원군일 수 있다는 사실을 잊지 말자.

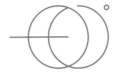

기쁨을 앗아가는 도둑, 비교

얼마 전 친구 하나가 알래스카 여행 사진을 들고 우리 집에 놀러 왔다. 사진을 구경하며 나는 우리 가족도 몇 년 전에 크루즈를 타고 알래스카를 여행한 적이 있다고 말했다. 그러자 친구는 놀랍다는 듯이 이렇게 말했다. "정말? 나는 크루즈는 일부러 안 탔는데. 모든 여행 스케줄을 직접 짜서 움직였거든. 먼저 데날리국립공원에 갔다가 거기서 친구들을 만나 하이킹을 했지. 진짜 좋더라." 그 순간 나는 기분이 확 상했다. 나 역시 알래스카에서 가족들과 즐거운 시간을 보냈고, 그 기억은 지금까지 좋은 추억으로 남아 있다. 그러나 친구의 말 한마디에 그 모든 추억이 아무것도 아닌 것이 되어버렸다. 얼마나 우스꽝스러운 일인가?

비교는 인간의 상호작용 안에 늘 잠재돼 있다. 대면하는 관계든 온라인 관계든 마찬가지다. 사회적 뇌의 특징은 특정 그룹에 속하길 원하며 그 안에서 다른 사람과 동등하게 대우받고 싶어 한다는 것이다. 같은 무리 속에서 같은 대우를 받는 것이 얼마나 중요한지는 원숭이를 대상으로 한 실험에서 잘 나타난다. 실험에서 원숭이들은 토큰과 음식을 교환하도록 훈련받았다. 오이를 받으면 토큰을 주는 식이었다. 원숭이들은 대체로 규칙에 따랐다. 그런데 한 원숭이가 오이 대신 포도를 받는 모습을 보자 주변 원숭이들 표정이 싹 변했다. 그러면서 토큰도 내놓지 않고 오이도 안 받겠다고 버텼다. 어떤 원숭이는 우리 밖으로 토큰과 오이를 던져버리기도 했다.

지금껏 좋은 추억으로 간직한 경험조차 페이스북이나 인스타그램에 올라온 멋진 사진을 보고 나면 이내 보잘것없이 여겨지곤 한다. 멋진 생일을 보냈다고 생각하다가도 친구의 근사한 생일파티 소식을 듣고 나면 기분이 우울해진다. SNS를 통해 친구들이 나보다 얼마나 더 즐겁고 멋지게 살고 있는지를 수시로 확인하는 셈이다.

비교 대상은 내 주변 사람들로만 국한되지 않는다. SNS 속 비교의 범위는 훨씬 더 넓다. 옆집에 사는 이웃이나 직장 동료, 친구들을 넘어 과거와 현재를 잇는 모든 지인, 친구의 친구, 내 팔로워, 친구 추천에 뜨는 사람들까지 비교의 대상이 된다. 이들 중 상당수는 나와 인사조차 한 적 없는 사람들이다. 그럼에도 각종 연구 결과를 보면 이런 관계조차 우리에게 영향을 끼치는 것으로 나타났다. 불특정 다수의 SNS 피드가 내 삶을 한없이 작고 초라하게 만드는 것이다. 실제로 페이스북 이용과 우울증 사이에는 상당한 연관 관계가 있는 것으로 밝혀졌다.

다른 사람과 비교해서 자신이 초라하게 느껴진다면 잠시 숨을 고르며 휴식을 취해보자. 비교는 매우 소모적인 행위다. 당신도 여러 경험을 통해 잘 알고 있으리라 생각한다. 비교하는 행위를 극복하려면 우선 마음챙김을 통해 지금 내 생각이나 감정이 무엇인지 정확히 알아야 한다. 또한 비교는 그저 인간의 본능임을 직시하자. 다른 사람이 가치를 두고 행동하는 것에 상관없이 내 삶의 목적을 발견하고 그것을 성취하기 위해 노력해야 한다.

감사하는 마음이 불러온 기적

감사는 삶의 목적을 찾는 중요한 관문이다. 감사는 우리가 가치 있게 여기는 것을 찾도록 도와주고, 그 자체로 우리 삶에 의미를 부여한다. 목적의 중요성에 대해 말하는 심리학자 윌리엄 데이먼은 이렇게 설명한다. "감사하는 마음은 우리가 누리고 있는 것의 가치를 발견하게 할 뿐 아니라 그것을 다른 사람에게 흘려보내고 싶은 소망을 갖게 한다. 이것이 바로 목적의 진정한 가치다." 각종 연구 결과를 보면 감사는 인간이 느끼는 행복과도 직결돼 있음을 알 수 있다. 감사하는 마음을 가지면 우리는 같은 상황도 좀 더 긍정적으로, 좋은 경험으로 받아들여 몸과 마음이 한층 건강해진다. 감사는 또한 역경에 대처할 수 있는 힘을 주며 건강한 대인관계를 지속하는 데에도 도움이 된다.

대체로 우리는 가진 것을 잃고 나서야 비로소 그것이 얼마나 소중했는지 그 감사함을 깨닫는다. 캘리포니아 산타로사에 살고 있는 62세 멜리사는 지역 2년제 대학의 학장으로 근무하며 편안한 노후를 보내고 있었다. 멜리사는 남들과 비교했을 때 자신의 삶은 그다지 특별할 것 없는 평범한 인생이었다고 고백한다. 20대 후반에 남편과 아이를 갖지 않기로 결정했고, 이후 친정과 시댁 부모님 모두 비교적 일찍 돌아가셨기에 가족 부양에 대한 책임도 없었다. 바람이 아주 심하게 불던 어느 밤, 멜리사와 그의 남편은 여느 날과 마찬가지로 잠자리에 들었다. 그런데 새벽 2시경, 누가 문을 요란하게 두드리는 소리에 잠에서 깼다. 대문을 열자 엄청난 열기가 훅 밀려 들어왔다. 이웃은 근처 산에서 불이 났다고 했다. 멜리사 부부는 서둘러 고양이들만 데리고 해변으로 차를 몰았다.

불길은 삽시간에 온 마을로 번졌다. 고작 12시간 만에 8천만 제곱미터가 불에 탔다. 이틀이 지나서야 멜리사는 자신의 집이 잿더미로 변했다는 소식을 들었다. 3주 뒤에야 불길이 진정돼 멜리사는 다시금 집으로 향할 수 있었다. 흔적도 없이 사라진 집터 앞에서 멜리사는 망연자실했지만 그래도 살아 있음에 감사했다. "슬펐어요. 가슴이 먹먹하더라고요. 그런데 새카만 잿더미를 보자 너무나 감사한 마음이 밀려왔어요. 사람 목숨보다 더 중요한 게 어디 있겠어요. 이 잔인한 불길 속에서 목숨은 건졌잖아요. 정말 사람 일은 아무도 모르는 거예요."

아무리 큰 비극이 닥쳐도 감사하는 마음 앞에서는 힘을 쓰지 못한다. 감사는 일상 속에서 아주 작은 방법으로 실천할 수 있다. 올해 40세의 비벌리는 루이지애나의 한 정신병원에서 근무하는 간호사다. 비벌리는 늘 미소 띤 얼굴로 환자들을 대해서 미소천사로 통한다. 비벌리네 집 숲이 우거진 뒷마당에서 인터뷰를 하며 왜 사람들이 그녀를 그렇게 부르는지 알 수 있었다. 인터뷰를 하는 동안 비벌리는 마치 그 시간이 세상의 전부인 듯 전심으로 인터뷰에 응했다. 간호사로서 비벌리는 환자들을 성심껏 돌보며 진심으로 대하는 것이 자신의 목적이라고 말했다. 그녀는 매 순간 최선을 다하며 환자들에게 감사를 표현했다. 마음이 아픈 환자들에게 감사를 표현하는 것이 그 무엇보다 중요한 일이라고 생각했다. 그녀는 간호사로 일하며 마음챙김을 접했고, 비로소 지금 이 순간의 소중함을 알게 됐다고 말했다. 비벌리는 매일 밤 자신이 하루 동안 만났던 모든 환자에게 감사 편지를 쓴다. 그러던 어느 날 한 환자로부터 무척 감동적인 답장을 받았다. "선생님, 편지 고마워요. 너무 소중해서 꼭 안고 잤어요." 비벌리의 사례는 마음챙김과 목적, 그리고 감사가 어떻게 하나로 연결돼 삶의 행복에 기여하는지 보여준다.

누군가에게 감사 편지를 써보자. 설령 상대에게 부치지 않더라도 편지를 쓰는 행위 자체가 정신적으로 큰 도움이 된다. 한 연구에서 정신과 치료를 받는 환자들을 대상으로 실험을 진행했다. 첫 번째 그룹은 3주 동안 매주 한 번씩 다른 사람에게 감사 편지를 쓰게 하고, 두 번째 그룹은 부정적인 경험을 떠올려 그에 대한 생각과 느낌을 쓰게 했다. 그리고 세 번째 그룹은 아무것도 쓰지 않도록 했다. 감사 편지를 상대방에게 전달하는 것은 선택 사항으로 자율에 맡겼다. 그 결과 감사 편지를 쓴 그룹의 환자들은 실험 종료 후 4~12주 동안 정서적으로 엄청난 호전을 보였다. 편지를 발송한 사람은 23퍼센트에 그쳤지만 편지를 부치지 않은 나머지 환자들에게서도 효과는 똑같이 나타났다. 감사하는 마음은 정말로 우리를 변화시키고 인생을 변화시킨다.

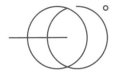

남의 기대에 맞춰 살아가면 벌어지는 일

삶의 목적을 찾는 과정에서 스스로 정한 가치와 목표는 가족이나 친구, 나아가 사회의 기대와 반드시 구분해야 한다. 한 사람 한 사람에게 중요한 삶의 의미는 각기 다르기 때문이다. 하지만 이것을 구분하는 일은 결코 쉽지 않다. 마음챙김을 실천하지 않고서는 제대로 구분해내기 어렵다. 스스로 내가 누구인지, 내게 중요한 것이 무엇인지를 끊임없이 돌아봐야 한다. 그래야 비로소 우리가 따르는 삶의 이정표가 진정한 내 것인지 알 수 있다.

교사나 간호사, 사회복지사 같은 직업을 가진 사람들이 때로 자신의 가치를 쉽게 폄하하는 모습을 볼 수 있다. 분명한 목적을 갖고 삶을 이끌어가면서도 직업적 가치를 끌어내리는 것이다. 한 가지 이유는 이들이 정한 삶의 목적이 사회가 말하는 성공의 개념에 부합하지 않기 때문이다. 흔히들 성공은 직업이나 연봉, 사는 지역 등의 경제적인 잣대로 바라본다. 이런 가치를 반복해서 되뇌다 보면 스스로의 삶의 목적마저 평가절하하게 되는 것이다.

테일러는 25년 경력의 언어치료사로 늘 자신의 일에 최선을 다해왔다. 시카고공립학교에서 줄곧 일했고 이제 곧 정년을 앞두고 있다. 테일러에게 자신의 일에 관해 묻자 쑥스럽다는 듯 이렇게 대답했다. "어휴, 뭐 경력이랄 것도 없어요. 이 일로 돈을 많이 번 것도 아니고. 하지만 저는 제 일이 참 의미 있는 일이었다고 생각해요. 제 목적은 학생들과 그 가족의 삶을 좀 더 낫게 만들어주는 것이었어요. 실제로 그렇게 했고요." 인터뷰 말미에 테일러는 이렇게 덧붙였다. "스스로를 그리 가치 있는 존재로 못 느껴요. 그게 제 문제예요." 여전히 많은 사람들이 평생을 이런 생각으로 살아간다. 자신을 부족하다고 여기며 깎아내리는 것. 우리는 아무런 거름장치 없이 사회적 통념을 받아들이고 그것을 진실로 믿어버린다. 관습적으로 되풀이된 사회의 시나리오일 뿐인데도 말이다. 사회의 통념은 내 삶의 목적과는 아무런 관계가 없음을 끊임없이 인식해야 한다. 오로지 중요한 것은 내가 나 자신을 어떻게 바라보느냐다. 이를 실천함으로써 우리는 삶의 목적을 향해 흔들림 없이 나아갈 수 있다.

파멜라 맥컬리 박사는 25년 경력의 기술공학과 교수다. 미국에서 활동하는 스템(과학, 기술, 엔지니어링, 수학) 분야의 교수 가운데 단 25퍼센트만 여자, 그중에서도 흑인 여성은 5퍼센트에 불과한데, 맥컬리 교수가 그중 한 명이다. 그녀는 스템 분야에 진출하도록 여성 인재를 독려하는 것을 자신의 삶의 목적으로 삼았다. 이를 위해 전국 100만 명 이상의 여고생들에게 강연을 해왔다. 그러면서 늘 이런 메시지를 강조했다. "여러분 안에는 엄청난 혁신가가 숨어 있다." "스템은 아주 흥미로운 분야로 우리 여성들에게 제격이다." "여러분은 이미 충분한 자질을 갖고 있다." "여자도 얼마든지 이 분야를 선도할 수 있다." 그러나 인터뷰 도중 맥컬리 교수는 한탄을 금치 못했다. 여성들이 여전히 자신을 남성보다 못하다고 여기며 스스로의 가치를 비하한다는 것이다. 맥컬리 교수의 지적에 내가 신입 변호사이던 시절, 로스앤젤레스의 한 로펌에서 겪은 일화가 떠올랐다. 출근한 지 며칠이 지났을 때, 내가 맡은 사건의 상대 측 변호사가 나를 가리키며 내 선임 변호사에게 항의했다. "자격증도 없는 새파랗게 어린 여자를 변호사로 세우면 어떡합니까!" 그 사람에게 나는 변호사로 보이지 않았던 모양이다. 그런데 알고 보니 그 역시 이제 갓 로스쿨을 졸업한 1년 차 변호사였다.

맥컬리 교수는 여성이 스템 분야에 진출을 꺼리는 이유가 단지 개인적인 이유 때문이 아니라 여성을 향한 부정적 태도에서 기인하는 것임을 여성 스스로 깨닫는 것이 중요하다고 강조했다. 맥컬리 교수도 처음에는 기술공학 분야에 진출하기 몹시 어려운 상황이었지만 숱한 고난과 역경을 모두 이겨내고 지금의 자리까지 올라왔다. 맥컬리가 입학할 당시 그녀의 가족 중에 대학 문턱을 밟아본 사람은 아무도 없었다. 경제적으로도 어려웠기에 대학을 가는 것이 맞나 스스로도 많은 의구심이 들었다. 더욱이 맥컬리는 고등학교 2학년 때 아이를 낳은 싱글맘이었다. 이 모든 상황을 이겨내고 맥컬리는 대학에 진학했고 기술공학 석사학위까지 받았다. 맥컬리의 성공은 전적으로 부모님 공이었다. 그들은 여자라고, 싱글맘이라고 딸의 인생에 제한을 두지 않았다.

이렇듯 여성은 경계해야 할 사회적 통념과 관습이 많다. 자신이 어떤 기대에 부응하며 살아가고 있는지를 끊임없이 인식해야 하는 이유다. 남들의 기준이 아닌 자신만의 기준으로 삶의 목적을 설정하고 따르는 연습을 해보자. 예전이라면 전혀 하지 않았을 선택에 용기를 내는 자신의 모습을 발견하게 될 것이다.

유산을 남기지 말고 살아 있는 유산이 돼라

자신에게 주어진 수많은 역할에 따라 목적도 제각기 다른 모습을 지닌다. 따라서 목적은 결코 하나로 끝나지 않는다. 살아가는 동안 다양한 모습으로 바뀌고 변화한다. 더구나 우리 세대는 부모님 세대보다 수명이 20년 정도 더 길다. 이는 인간의 역사에서 그 어느 때보다 목적을 추구하며 살아가야 하는 기간이 더 길다는 것을 의미한다. 예를 들어, 현재 50세 미국인 여성의 경우 평균 수명이 85~86세로 추정된다. 그렇다면 남은 30여 년은 또 다른 일을 하고 다양한 목적을 추구하며 살아가야 함을 뜻한다. 지금까지는 대부분의 사람이 뭔가를 얻는 것, 이를테면 가족을 얻고, 직업을 얻고, 집을 얻는 것에 집중했다면 이제부터는 뭔가를 주는 것에 집중하며 살아간다. 즉, 다음 세대와 지역 사회를 위해 기여하는 생활을 시작하는 것이다. 심리학자 에릭 에릭슨^{Erik Erikson}은 이를 통해 얻는 성취감을 '생성감'으로 명명했다. 평균 수명의 증가로 노년에 누리는 시간과 에너지가 늘어나면서 유산을 남기는 것이 아니라 살아 있는 유산이 될 기회가 생긴 것이다.

그렇다면 우리는 어떻게 살아 있는 유산이 될 수 있을까? 봉사활동은 아주 좋은 방법이다. 다수의 연구 결과 봉사활동은 노화로 인한 인지능력 저하 속도를 감소시키는 것으로 나타났다. 1년에 100시간 이상 봉사활동에 참여하는 사람은 그러지 않은 사람보다 인지능력이 평균 6퍼센트 더 높았다. 그러나 봉사활동을 한다고 해서 모두에게 같은 영향을 끼치지는 않았다. 왜, 그리고 어떻게 봉사활동을 하느냐가 중요한 변수로 작용했다. 먼저 '왜'라는 이유부터 살펴보자. 연구 결과 이기적인 이유보다 이타적인 이유에서 봉사활동에 참여하는 것이 장수와 더 깊은 상관관계가 있었다. 이를테면, '괴롭고 힘든 일을 잊는 데는 봉사활동이 제격이야'라는 생각으로 참여하는 쪽보다 '내가 할 수 있는 한 다른 사람을 돕는 건 좋은 일이야'라는 생각으로 참여하는 쪽이 효과가 더 크다는 것이다. 이렇듯 이타적인 마음에서 하는 봉사활동은 사망률을 60퍼센트나 낮춰주는 것으로 나타났다. 그러나 자신을 위해 하는 봉사활동의 사망률 감소 효과는 봉사활동을 하지 않는 경우와 크게 다르지 않았다.

다음은 '어떻게' 할 것인가를 살펴보자. 나만의 전문 분야, 혹은 내가 평생 해오던 일과 관련 있는 분야의 봉사활동은 목적의식을 상당히 고취시킨다. 이는 곧 내가 가진 역량을 새로운 환경에 적용하는 것을 뜻한다. 이 과정에서 개인적 성장이 뒤따르는 것은 물론이다. 내가 잘 아는 분야든 그렇지 않든 개인적으로 의미 있는 분야에서 봉사활동을 하면 목적의식이 한층 뚜렷해진다.

삶의 목적은 우리가 세상을 변화시키는 데 일조하도록 독려한다. 따라서 생성감을 지닌 사람들은 자신의 일은 물론 후진 양성이나 멘토링 활동에도 적극적으로 참여한다. 이들은 사후에 유산을 남기기보다 스스로 살아 있는 유산이 되고자 노력하며, 다음 세대의 행복에도 무척 관심이 많다. 생성감을 느끼는 사람들이 느끼지 못하는 사람들보다 신체적으로도 더 건강하고 삶에 만족한다. 주위에 눈을 돌리고 가진 것을 나누고 베푸는 삶. 자신의 행복을 위해서도 꼭 필요한 삶의 자세가 아닐까.

4장.

누구에게나
변화가 필요한 순간이 온다

두려움 때문에 무엇을 결정하지 마라.
오직 희망과 가능성으로만 결정하라.

미셸 오바마

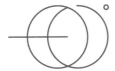

삶의 프레임을 다시 짜야 할 때

우리는 개인적으로든 직업적으로든 다양한 역할 속에서 수많은 경험을 한다. 때로는 예상치 못하게 주어진 역할이 내 삶 전체를 장악하기도 한다. 그리고 그 역할은 짧게는 며칠에서 몇 달, 길게는 몇 년씩 이어지기도 한다. 이때가 바로 피보팅^{Pivoting}, 삶의 중심축을 바꿔야 할 시점이다. 주어진 역할이 많다는 것은 그만큼 피보팅이 빈번하게 일어난다는 뜻이다. 역할에 따르는 책임을 이행하려면 시기별로 적절한 피보팅이 필요하기 때문이다. 이를테면 아이가 새로운 학교에 입학하거나 직업을 바꾸는 일, 나이 든 부모님을 좀 더 안전한 곳으로 모시는 일 모두 피보팅에 해당한다. 이처럼 많은 역할 속에서 살아가다 보면 하루에도 몇 번씩 다양한 피보팅을 경험한다.

피보팅과 관련된 인터뷰를 하다가 이런 질문을 한 적이 있다. "여러분은 지금 어떤 역할을 맡고 있나요?" 다음은 이에 대한 대답을 죽 나열한 것이다. 주로 가족, 친구, 직장 관계에서의 역할이다. 멘토 역할, 멘티 역할, 해결사 역할, 연락망 역할, 동반자 역할, 상담사 역할, 후원자 역할, 보호자 역할, 중재자 역할, 리더 역할, 분위기를 살리는 역할, 살림을 주도하는 역할, 아이들의 운전기사 역할, 아무도 하지 않는 일을 처리하는 역할, 마지못해 이끄는 역할 등등. 이외에도 수백 개의 역할이 있을 것이다. 이제 자신이 인생에서 어떠어떠한 역할들을 맡고 있는지 찬찬히 생각해보자. 몇 개의 역할을 머릿속에 죽 그려보았다면, 자신이 그 수많은 역할을 잘 감당해내고 있음을 먼저 칭찬해주자. 시간도 오래 걸리지 않는다. 아주 잠깐이면 된다. 우리는 친구나 가족, 동료의 노고에 수시로 감사를 표한다. 그러나 자신의 노력에 대해서는 스스로 합당한 보상을 해주기는커녕 칭찬 한마디를 안 한다.

이 모든 역할을 감당해낸다는 건 어떤 의미일까? 그것은 하루 종일 여기저기 끌려다니며 정신없이 하루를 보낸다는 것을 의미한다. 여성에게 요구되는 역할은 특히 많다. 여성의 역할과 관련해 내가 자주 인용하는 사례가 있다. 펩시코의 CEO 인드라 누이Indra Nooyi의 이야기다. 인드라가 야근을 하던 어느 날(그녀는 평소 주말도 반납하고 24시간 일에 매달리는 것으로 유명하다) 당시 펩시코 회장으로부터 조만간 후

임 회장 겸 이사회 위원으로 임명될 것이라는 연락을 받았다. 인드라는 가족들에게 제일 먼저 알리고 싶은 마음에 서둘러 업무를 정리하고 집으로 향했다. 그런데 집에 도착하자마자 인드라의 어머니는 슈퍼에 가서 우유를 사 오라고 했다. 내일 아침에 먹을 우유가 없다는 것이다. 인드라는 우유를 사 와서 식탁에 탁! 내려놓고는 어머니에게 자신이 곧 회장으로 임명될 것이라는 소식을 전했다. 그러자 엄마는 이렇게 쏘아붙였다. "현관문을 열고 집에 들어서는 순간 너는 아내이자 딸이고 며느리이자 엄마야. 그게 네 전부야. 그러니 회장이건 이사회 위원이건 그딴 건 다 벗어 던져놓고 집에 들어와." 인터뷰에서 인드라는 이런 말을 하기도 했다. "여성들이 자신에게 주어진 모든 역할을 다 제대로 수행한다고 생각하지는 않는다. 그저 그런 척할 뿐이다."

변화가 필요한 순간에 대처하는 방법

'피보팅'은 한쪽 발에서 다른 쪽 발로 몸의 중심을 이동하는 것을 가리킨다. 우리가 살아가며 가정에서, 회사에서, 친구 관계에서 끊임없이 역할을 바꾸며 다른 역할을 수행하는 것 또한 피보팅이다. 앞서 언급한 수많은 역할 목록만 봐도 우리 삶에 얼마나 많은 요구가 존재하는지 알 수 있다. 예를 들어, 그날그날 일정을 조정함으로써 한창 관심이 필요한 사춘기 딸아이와 좀 더 시간을 보내는가 하면, 갑자기 결근한 동료의 빈자리를 대신해줄 수도 있다. 이것들 모두 피보팅의 사례다. 위험한 상황이 생겨 모든 시간과 에너지를 한 곳에 집중해야 하는 '비상시 피보팅'도 있다. 심각한 병에 걸리거나 갑작스레 실직한 경우, 가족이나 친구의 죽음 등이 이에 해당한다. 이런 일이 생기면 우리는 만사를 제쳐두고 이를 극복하기 위해 노력한다.

이 같은 위기 상황은 삶의 중요한 의사 결정이나 변화라는 관점에서 본다면 우리에게 강력한 동기부여가 될 수 있지만, 내가 이번 장에서 말하고자 하는 주제는 위기 상황이 닥치기 전에 미리 준비하고 행동하는 '선제적 피보팅'이다. 우리는 종종 개인이나 직업인으로서 지금까지와는 다른 분야에 관심을 느끼곤 한다. 이러한 변화는 우리 인생에서 끊임없이 찾아오는데, 이때 우리의 회복력이나 심신의 안정에 꼭 필요한 도구가 선제적 피보팅이다. 관계에서 오는 어려움 때문에, 아니면 가정에서나 회사에서 갑작스러운 변화가 닥칠지 모른다는 두려움 때문에 우리의 몸과 마음은 자기도 모르는 사이 완전히 지쳐버린다. 또한 우리는 안정을 좇으며 살아가다가도 어느 순간 회의감이 들며 변화의 필요성을 느끼기도 한다. 겉으로 그럴듯해 보이고 완벽해 보일지라도 그런 것에서 아무 의미를 찾지 못하는 순간이 찾아오는 것이다. 이때가 바로 선제적 피보팅을 해야 할 시기이다. 위기의 순간에 임박해서, 혹은 위기의 순간이 닥쳐서 어쩔 수 없이 변화해야 할 때는 그만큼 선택의 폭도 좁아지고 시간도 부족하다.

포기하고 살았던 꿈에 다시 한번 도전하거나 직업인으로서 경력을 전환하는 것, 세계 곳곳을 여행하거나 관심 분야의 교육을 받아보는 것 역시 선제적 피보팅에 해당한다. 이때 피보팅의 실행 여부와 상관없이 우리가 한 가지 명심해야 할 것이 있다. 설사 지금 당장 피보팅을 실천하지 않아 변화를 만들어내지 못한다 해도 피보팅의 기회는 언제든지 열려 있다는 점이다. 또 변화를 시도했지만 효과가 나타나지 않는다고 실망할 필요가 전혀 없다. 다시 도전하면 된다. 우리에게 필요한 건 외면의 변화가 아닌 내면의 변화, 즉 삶의 프레임을 다시 짜는 것이다.

우리 삶의 유연성이나 이동성을 고려하면 피보팅은 20~30대 혹은 아무리 많아도 40~50대 중장년층까지만 해당되는 것이라고 생각할 수 있다. 하지만 전혀 그렇지 않다. 피보팅은 전 세대에 걸쳐 누구나 시도할 수 있다. 심지어 90대 이상 노년층까지! 은퇴 이후에도 많은 사람이 새로운 도전을 하고 다양한 수업을 듣는다. 또 오래도록 마음속으로만 품어왔던 열정을 추구하기도 한다.

올해 85세로 평생을 위스콘신주 남부에서 살았던 나의 어머니 엘리자베스는 최근 자식들이 살고 있는 곳으로 이사를 하기로 했다. 4남매가 각각 거주하는 뉴저지, 텍사스, 콜로라도, 캘리포니아 가운데 어머니는 언니가 살고 있는 텍사스를 선택했다. 이사를 결심하고부터 실행에 옮기기까지 고작 6주밖에 걸리지 않았다. 그 안에 어머니는 집과 자동차를 팔고, 필요 없는 물건을 모두 정리했다. 그러고 나서 애완견 몰리와 함께 이사박스 75개를 싣고 텍사스로 떠났다. 대체 어머니는 어떤 이유에서 굳이 이 시점에 이사를 결정한 걸까? 평소 실용적인 가치를 중시해온 어머니는 더 나이 들기 전에 새로운 지역에 정착하고 싶어 하셨다. 하지만 보통 80세가 넘어 이사를 하는 건 비상시 피보팅인 경우가 많다. 건강상, 혹은 법적으로 심각한 위기 상황이 발생했을 때처럼 말이다. 하지만 어머니는 선제적 피보팅을 결정했다. 그 덕분에 다양한 선택지 가운데 본인이 원하는 것을 선택할 수 있었던 것이다. 본인이 자신의 인생의 운전대를 잡고 앞으로 나아갔다. 이처럼 선제적 피보팅은 선택의 폭이 넓다는 큰 장점이 있다.

선제적 피보팅을 하려면 실행에 앞서 미리 계획을 세우는 게 좋다. 40대 초반의 콜린은 정부부처의 분석관으로 7년이 넘게 근무했다. 인터뷰를 시작하며 피보팅에 관해 설명하자 그녀는 이렇게 대답했다. "아, 피보팅요? 그런 거라면 문제없어요. 저는 적응력이 무척 뛰어나거든요. 하지만 저한테 부족한 게 있다면 변화를 앞두고 철저히 대비하지 않는다는 거예요." 그러면서 콜린은 자신이 이제껏 시도해온 삶의 변화를 야구선수가 아무런 준비 자세 없이 공을 던지는 것에 비유했다. 일단 던지고 나서는 방향을 바로잡으려 해도 아무 소용이 없다는 것이다. 그래서 앞으로는 좀 더 철저히 준비해서 다음 단계로 나아가기를 희망한다고 말했다.

새로운 변화를 시도하기에 앞서 충분히 생각하고 고민하면 그만큼 시행착오를 줄일 수 있다. 이런 맥락에서 피보팅을 시도하고자 한다면 그 첫 단계는 마음챙김을 실천하는 것이다. 지금 나의 상황과 목적을 분명히 파악하기에 마음챙김만큼 유용한 습관은 없다.

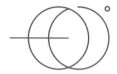

이미 마음이 떠나버린 일을 계속하고 있다면

피보팅을 할 때 자신에 대해 아는 것은 무척 중요하다. 다른 사
람이 나에게 원하는 것이 아니라 자기 자신이 스스로에게 무엇을
원하는지 들여다봐야 한다. 그런데 과거에 내가 한 선택이 스스로
원해서가 아니라 가족의 기대나 사회적 분위기 때문에 어쩔 수 없
이 내린 결정이라는 걸 깨닫게 되면 피보팅은 더 어려워진다. 30대
초반의 마흐누르는 말도 빠르고 행동은 빠른 10년 차 회계사다. 세
계 4대 회계법인 중 한 곳에서 근무하고 있지만 그녀는 최근 퇴사를
결정했다. 사실 마흐누르는 본인이 원해서 회계사가 된 게 아니다.
흥미와는 상관없이 회계 분야에 재능을 보였고, 무엇보다 부모님이 이쪽으로 취업하길 원했다. 마흐누르의 고향인 파키스탄에서 회계사는 가장 선망받는 전문직이다. 그러다 보니 얼떨결에 회계사라는 직업을 택하게 된 것이다. 하지만 마흐누르는 뒤늦게 용기를 내 사표를 냈고, 로스쿨에 지원해 합격했다. 부모님이 이 사실을 알게 되면 실패를 했다고 여길 게 뻔해서 어떻게 말씀드려야 할지 고민이다. 그러나 마흐누르는 자신의 결정을 결코 후회하지 않는다. 그녀는 지금 변호사로서 새로 시작할 꿈에 부풀어 있다.

일과 관련해 피보팅을 할 때는 지금까지의 경험과 역량이 새로운 일에 최대한 보탬이 되는 방법을 찾는 것이 중요하다. 즉, 새로운 일을 찾되 기존의 업무와 어느 정도 관련 있는 쪽을 택하면 좋다. 그러면 기존의 경험이나 기술, 재능, 자원을 굳이 무용지물로 만들 필요가 없다. 새로운 목적에 맞게 잘 조정해 다시 사용하면 된다.

15년 경력의 신문기자인 스테이시는 취재하고 글을 쓰는 자신의 직업을 무척 사랑한다. 두 아이를 홀로 키우는 싱글맘이지만 매사에 정확하고 당찬 성격이다. 그런 그녀는 최근 평생 간직해온 꿈, 라디오 PD가 되기 위해 새로운 여정을 시작했다. 그러면서 스테이시는 신문기자 생활을 통해 다져온 각종 능력이 라디오 PD가 되는 데에도 꼭 필요한 자질임을 깨달았다. 기사를 취재하고 작성하며 자연스레 길러온 조사 능력, 분석 능력, 작문 능력은 라디오 프로그램을 만드는 데에도 아주 유용하다. 이처럼 업무적으로 피보팅을 한다고 해서 모든 걸 처음부터 다시 시작해야 하는 건 아니다. 스테이시는 한 걸음씩 천천히 준비하는 중이다. 성공적인 변화를 위해 얼마나 더 많은 시간이 걸릴지 알 수 없지만, 스테이시는 미리 계획을 세우고 매일 1~2시간씩 꾸준히 실천했다.

피보팅의 커다란 장점 하나는 그것을 실행하는 과정에 결코 홀로 있지 않다는 점이다. 곁에는 늘 든든한 지지자들이 있다. 이전 직장의 동료, 친구, 멘토, 프렌토(표면적으로는 친구지만 전문적인 영역에서는 멘토의 역할을 하는 사람)까지. 피보팅을 실행하기 전부터, 실행하는 과정에서 그리고 실행한 이후까지 이들은 우리의 커다란 자산이 된다. 우리는 개인적, 직업적으로 다양한 네트워크 속에 닻을 내리고 피보팅을 계획하고 실천해야 한다.

내가 가장 잘하는 일은 무엇인가

왜 우리는 현재 잘 진행되고 있는 부분에는 주목하지 못할까? 그것은 우리의 뇌 때문이다. 생존 지향적인 우리 뇌는 제일 먼저 부정적인 것에 집중한다. 우리가 일상에서 늘 경험하는 것처럼 말이다. 이와 관련해 내면검색연구소의 소장 리치 페르난데스Rich Fernandez는 이른바 '3W'를 소개했다. 3W는 '무엇을 잘했는가What Went Well'를 의미한다. 몇 년 전에 3W를 처음 알게 된 나는 그때부터 개인적 일상과 직업적 영역에 모두 3W를 적용하기 시작했다. 우리 회사에서는 회의를 시작할 때 3W부터 먼저 공유한다. 잘된 일은 무엇이고 그 안에서 각자의 역할은 무엇인지 확인하는 것이다. 물론 잘 안 된 일에 대해서도 언급한다. 그러나 잘된 일부터 먼저 공유하기 때문에 긍정적이고 수용적인 분위기에서 어떻게 하면 다음에 좋은 성과를 낼 수 있을지 고민한다(그리고 이 모든 논의에 앞서 회의 참석자들은 2분간 명상을 한다).

직업을 바꾸려고 준비를 할 때도 이런 질문을 먼저 해보면 큰 도움이 된다.

'지금 내가 하는 일 중에서 가장 좋아하는 영역은 무엇인가?'

'직업을 바꾸더라도 계속 발휘하고 싶은 나의 역량은 무엇인가?'

'내가 가장 잘하는 일은 무엇인가?'

이런 질문을 해보면 앞으로 직업을 바꾸더라도 계속 이어가고 싶은 업무나 역량을 파악할 수 있다. 물론 그 대답이 단번에 바로 나오지는 않는다. 그러나 질문을 함으로써 진정으로 내가 원하는 일이 무엇인지 알 수 있고, 지금 내가 하고 있는 일이 내 삶의 목적에 부합하는지를 확인할 수 있다. 피보팅을 하기 전에는 스스로 묻고 대답하는 과정을 꼭 거쳐야 한다.

사교적인 성격의 에즈기는 올해 41세로 일에 관한 뚜렷한 비전을 갖고 있었다. 15년간 호텔에서 근무했고 능력을 인정받아 입사 후 줄곧 승승장구했다. 스스로도 자신의 직업을 무척 좋아했다. 하지만 최근 터키에서 연쇄적으로 발생한 테러 공격은 호텔 산업 전체에 큰 타격을 주었다. 이에 에즈기는 더 늦기 전에 새로운 산업으로 이직을 하는 게 좋겠다고 판단했다. 그리고 지금은 이제껏 호텔에서 쌓아온 관리 능력을 병원이라는 전혀 다른 분야에서 발휘하고 있다. 분야는 완전히 달랐지만 그렇다고 에즈기가 모든 걸 처음부터 다시 시작한 건 아니다. 호텔에서 근무하며 익힌 관리 능력은 병원에서도 충분히 활용할 수 있었다. 에즈기의 업무 만족도는 호텔에서 일할 때보다 오히려 더 높아졌다. 그녀는 자신이 가진 역량을 적극적으로 활용할 수 있는 직업을 선택할 수 있게 돼 무척 감사했다. 또한 병원에서의 일이 자기 삶의 의미와 목적에 훨씬 더 부합한다고 생각했다.

방향을 바꿀 때 우리가 쉽게 놓치는 것

방향을 바꾸기 전에는 꼭 주위를 둘러보고 다른 대안이나 선택의 가능성은 없는지 살펴봐야 한다. 오랜 친구와 절교를 선언하거나 결혼을 결정할 때, 직업을 바꿀 때처럼 중요한 결정을 할 때는 반드시 이런 자세가 필요하다. 기존의 관계나 조직을 벗어나지 않더라도 그 안에서 조정하거나 해결할 수 있는 방법을 고려해야 한다. 때로는 잠깐의 대화가 커다란 변화로 이어지기도 한다. 그러나 대부분은 이런 대화 자체를 두려워하며 어떻게든 피하려고 한다. 수많은 대안이 우리 앞에 이미 존재하지만 활용도 못 해보고 사장되는 이유가 바로 여기에 있다. 대화를 꺼리기 때문에 그런 방법이 있는지조차 모르고 아까운 기회를 놓쳐버린다.

올해 31세의 에반은 환경과학자로 시카고에 있는 수직농법회사에서 현장 관리자로 4년간 근무했다. 인터뷰를 하던 첫날, 에반은 회사를 곧 그만둘 거라고 말했다. 지금 하는 관리 업무에서는 더 이상 일의 보람도 의미도 찾을 수 없다는 이유에서였다. 에반은 이미 같은 업계의 다른 회사로 이직 준비를 하고 있었다. 나는 어차피 같은 업계로 이동할 거라면 지금 다니는 회사에서 다른 부서로 옮기면 어떻겠느냐고 물었다. 에반은 곧 자신이 원하는 부서가 있다는 사실을 알았다. 환경적으로 지속 가능한 회사 운영 방안을 연구하고 그에 대한 보고서를 관리하는 팀이었다. 이에 에반은 자신의 팀장을 찾아가 부서 이전 문제를 논의했다. 다행히 에반은 2주 만에 곧바로 자리를 옮겼고, 하루하루 즐거운 마음으로 출근하고 있다.

경영 컨설턴트 자렛은 늘 기대 이상의 성과를 내는 완벽주의자다. 그만큼 회사에서도 능력을 인정받아 남들보다 승진도 빨랐다. 자렛은 또 전 세계 40만 임직원을 위해 회사에서 고안한 명상 프로그램 설계를 주도하기도 했다. 이 같은 성과와 책임은 자렛의 성공을 보여주는 지표다. 하지만 어느 순간 자렛은 자신이 일을 제외한 다른 모든 영역에서는 한참 뒤처진다는 사실을 깨달았다. 하루는 출산이 임박한 여동생이 전화를 걸어와 진통이 시작돼 병원에 간다고 전했다. 그런 동생에게 자렛은 일이 너무 바빠 언제 출산할지도 모르는 동생 곁을 마냥 지킬 수가 없다고 말했다. 하지만 자렛은 결국 병원으로 향했고, 다행히 동생은 그날 바로 출산을 했다. 자렛은 이번 일로 자신의 생각이 얼마나 잘못된 것이었는지 깨달았다. 일에 대한 압박 때문에 지난 몇 년간 개인적 일상은 거의 포기하다시피 하고 살았다. 그사이 친했던 사촌과 친구가 거의 비슷한 시기에 갑자기 세상을 떠나면서 자렛은 무척 힘든 시간을 보냈다. 설상가상으로 라임병에 걸렸고, 공황장애로 자살 충동까지 느끼면서 응급실에 실려 가기도 했다. 이때를 회상하며 자렛은 이렇게 말했다. "이 모든 상황에서 날 붙잡아준 건 명상이었어요. 명상 수련을 이어온 덕분에 이만큼 버텨낼 수 있었어요."

이토록 힘든 시간을 견뎌오던 중에 걸려온 동생의 전화 한 통은 자렛이 지금까지의 삶을 뒤돌아보게 하는 촉매제로 작용했다. 동생의 전화를 끊고 생각해보니 조카의 탄생보다 일이 더 중요할 수는 없었다. 이후 자렛은 회사를 떠났고, 마음챙김을 통해 인생의 어려움을 이겨내도록 돕는 컨설팅 회사를 차렸다.

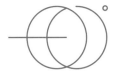

불확실한 것에 기꺼이 나아가라

인간은 습관의 동물이다. 그래서 정해진 일정과 익숙한 환경을 좋아하는 반면 변화에는 거부감을 느낀다. 변화를 반가워하지 않는 인간의 이러한 특성은 피보팅의 또 다른 방해 요소가 된다. 그러나 피보팅은 익숙한 것에서 익숙하지 않은 것으로, 예상 가능한 것에서 예상 불가능한 것으로, 잘 알고 있는 것에서 잘 모르는 것으로 기꺼이 나아가는 태도를 필요로 한다. 즉, 용기가 필요하다. 분명히 말하건대 용기를 가졌다고 두려움이 없어지는 건 아니다. 그러나 용기 있는 사람은 두려움에도 불구하고 이를 극복하고 나아간다.

피보팅을 실천하려면 '만약'이라는 수많은 가정의 질문에 익숙해져야 한다. 물론 쉽지 않다. 브루클린 공공도서관의 홀에는 작가 카밀라 자난 라쉬드Kameelah Janan Rasheed의 글귀가 새겨져 있다. "이제는 확실한 것만 좇는 멍청한 짓을 그만두고 불확실한 것에 과감히 도전해보기로 했다."

선제적 피보팅이 필요할 때도 마찬가지다. 좀 더 나은 여건으로 발전할 수 있는 기회를 눈앞에 두고도 우리 뇌는 '이만하면 충분히 행복하다'며 합리화한다. 언제나 그렇듯 익숙한 것, 예상 가능한 것, 확실한 것이 승리한다. 앞에 나온 스테이시도 막상 신문사를 그만두려 하자 마음속에서 혼란이 일었다고 한다. "한쪽에는 변화를 향한 강한 열망이 있었던 반면, 다른 쪽에는 새로운 변화와 익숙한 것들로부터의 결별을 거부하는 마음이 있었어요. 이 둘의 긴장감 사이에서 평정심을 유지하려고 무척 노력했어요."

피보팅을 방해하는 또 다른 요소는 심리학적 용어로 이른바 '손실 혐오'다. 인간은 뭔가를 얻으려는 성향보다 잃는 걸 피하려는 성향이 더 강하다는 연구 결과가 있다. 얻는 것의 가치가 잃는 것과 동등하거나 오히려 더 높은 경우에도 결과는 같았다. 심리학자 러셀 폴드랙Russell Poldrack은 1970년대 후반 아모스 트버스키Amos Tversky와 대니얼 카너먼Daniel Kahneman이 구축한 연구 결과를 바탕으로 인간의 뇌 반응은 이득보다는 손실에 더 민감하게 반응한다는 사실을 밝혀냈다. 이는 곧 우리가 잃는 것에 대한 두려움을 극복하고 얻는 것은 아무것도 잃지 않고 얻을 때보다 더 큰 가치가 있음을 의미한다.

때론 각종 불확실성에도 불구하고 지금의 상황을 더 이상 견딜 수 없을 때, 이것이 피보팅의 강력한 동기로 작용하기도 한다. 40대 중반의 프리안카는 패션 업계에만 15년간 종사한 베테랑이다. 주요 의류업체의 바이어로 일하며 큰 보람을 느꼈다. 그러나 국제 무역의 특성상 주말도 없이 24시간 전화 업무를 해야 했고, 2년 전부터 회사의 무리한 실적 요구가 더해져 퇴사를 결심했다. 다음 행보는 아무것도 정해지지 않은 상황이었다. 프리안카는 이렇게 말했다. "도저히 계속 다닐 수가 없는 상황이었어요." 하지만 그녀는 퇴사가 두렵지 않았다. 지난 15년간 쌓아온 경력을 바탕으로 패션 컨설팅 사업을 시작해볼 생각이었다. 성공할 자신도 있었다.

한번 생각해보자. 변화가 필요한 때임을 분명히 알고 있는 상황에서도 당신의 도전을 가로막는 것은 무엇인가? 이때 마음챙김을 실천하면 우리 뇌가 무엇을 선호하는지를 파악함으로써 선제적 피보팅을 향한 발걸음을 쉽게 내딛을 수 있다.

성장형 사고와 고정형 사고

피보팅은 심리학자 캐럴 드웩이 명명한 '성장형 사고'를 지녔을 때 최적의 효과를 낼 수 있다. 성장형 사고란 변화와 불확실성을 기꺼이 받아들이는 개방적 태도를 의미한다. 즉, '모험하지 않고서는 아무것도 얻을 수 없다'는 사고방식이다. 이와 반대로 '고정형 사고'

는 '모험도 없고 얻는 것도 없다'는 식의 태도를 일컫는다. 고정형 사고는 우리가 불확실성을 좇지 못하도록 막는다. 그래서 때로는 좋은 경험이 될 수 있는 기회조차 놓치고 만다. 드웩은 이처럼 뻣뻣하고 제한된 사고는 누구에게도 이롭지 않다고 말한다. 그러나 한 가지 다행인 건 고정형 사고도 성장형 사고로 바뀔 수 있다는 점이다. 눈앞의 도전 과제를 성장하고 배울 수 있는 기회로 인식하면 얼마든지 가능하다.

반대로 로라의 사례는 성장형 사고가 커리어 개발에 얼마나 도움이 되는지 단적으로 보여준다. 35세의 그래픽 디자이너 로라는 두 아이를 키우며 일하는 워킹맘이다. 밝은 성격에 늘 명랑하고 에너지가 넘친다. 결혼 전 로라는 7년간 대기업에서 경력을 쌓은 뒤 비교적 이른 나이에 자신의 사업체를 꾸렸다. 어떻게 그렇게 빨리 사업을 시작할 생각을 했느냐고 묻자 로라는 인생에서 일뿐만 아니라 삶 전체에서 의미를 찾고자 노력했다고 대답했다. 대가족 사이에서 자란 로라는 언젠가 결혼하고 가정을 꾸릴 것이라는 마음을 늘 품고 있었다. 그러면서 디자인 일도 놓고 싶지 않았다. 로라는 일과 육아를 병행하려면 회사보다는 좀 더 유연하고 자유롭게 일할 수 있는 환경이 필요하다는 것을 깨달았다.

사업을 시작하기까지 로라는 자신에게 주어진 모든 기회를 이런 시각으로 바라봤다. '이 일은 내게 무엇을 가르쳐줄까?', '이 일을 통해 나는 무엇을 얻게 될까?' 남들이 모두가 회사에서 일을 하기에 똑같이 하는 일 말고, 자신만의 기준을 찾으려 애썼던 로라는 회사에 모든 것을 걸지 않으려고 했다. 그저 그때그때 주어진 기회를 최대한 활용했고, 그 결과 적절한 때에 자신의 사업을 시작할 수 있었다. 회사를 그만두고 사업을 시작하는 건 로라에게도 과감한 결단이었다. 하지만 로라는 그 결정이 어떤 결과를 가져올지 지나치게 깊이 생각하지 않았다. 그저 대기업이라는 체계적인 조직에서 배운 것을 무기 삼아 눈앞에 펼쳐진 각종 불확실성을 하나씩 해결해나갔다. 그녀는 도전을 기꺼이 받아들였고 새로운 경험과 기회를 두 팔 벌려 환영했다. 그렇게 사업을 시작한 지 벌써 5년째다. 혼자 하는 사업이기에 로라는 그래픽 디자인은 물론 인사부터 마케팅, 홍보까지 모든 일에 만능이 돼야 했다. 여전히 힘든 스케줄을 소화하며 그 어느 때보다 바쁘게 살아가고 있다. 집 뒷마당에 작은 사무실을 마련했기 때문에 일하는 짬짬이 딸아이도 볼 수 있다. 사무실에서 집까지는 10미터가 채 되지 않는데, 아이를 보러 집으로 걸어갈 때 로라는 심호흡을 한다. 잠깐이지만 온전히 아이에게 집중하기 위한 준비 단계다. 이는 비형식적 마음챙김의 아주 좋은 사례다. 몇 번의 호흡으로 일하는 여성에서 아이의 엄마로 100퍼센트 탈바꿈하는 것이다. 로라는 자신이 사업가와 엄마라는 두 개의 직업을 갖고 있다고 생각한다. 정말 그렇다. 하지만 두 가지 역할을 소화하기 위해 크게 바꿔야 할 건 없었다. 이전보다 수면시간이 6시간 정도 줄어든 것만 빼면 말이다! 삶의 균형이라는 측면에서도 로라는 자신의 선택에 매우 만족해하고 있기 때문에 충분히 행복하다.

성장형 사고의 핵심은 미래를 보장할 수 없는 상황에서도 피보팅 자체를 편안하게 받아들이는 것이다. 피보팅의 과정에서 우리는 생각조차 못 했던 이런저런 상황에 부딪칠 수 있다. 그러나 그런 과정이 결국은 우리에게 커다란 도움이 된다. 변화의 과정에서 겪는 모든 일이 우리에겐 스승이 되는 셈이다.

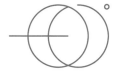

실패에 대한 두려움 때문에 망쳐버리는 것들

우리 뇌는 앞으로 펼쳐질 각종 시나리오를 부정적으로 구성하는 데 아주 탁월하다. 특히 우리 삶에 중요한 변화를 계획하고 있는 경우엔 더욱 그렇다. 피보팅을 준비하며 느끼는 실수나 실패에 대한 두려움은 우리를 주눅 들게 하고 심지어 피보팅 자체에 도전하는 것을 어렵게 만든다. 오랫동안 신문기자 생활을 하다가 라디오 PD로 전직을 준비하고 있는 스테이시에게 피보팅을 준비할 때 겪는 가장 큰 어려움이 무엇인지 물었다. 그러자 그녀는 이렇게 대답했다. "실패에 대한 두려움을 떨쳐내는 게 제일 힘들어요." 실제로 스테이시는 나에겐 아주 자신 있게 자신의 계획을 이야기했으나 주변 사람들에게는 이직을 준비하고 있다는 사실조차 언급하지 않았다. 모두 실패를 두려워한 탓이었다.

우리는 변화를 거부하고 실패를 두려워한다. 피보팅에 첫발을 들이기도 전에 앞날을 상상하며 온갖 두려움에 휩싸인다. 그래서 가족이나 친구에게 새로운 일을 계획하고 있다고 선뜻 말하지 못하고, 동료들에게도 이직 사실을 당당하게 공표하지 못한다. 자금 마련을 위해 부모님의 집으로 들어가는 것도 내키지 않고, 실직 상태가 이어져 가족들의 생계를 책임지지 못하게 될까 봐 두렵기도 하다.

이런 이유에서 스테이시는 용기를 갖는 것이 무엇보다 중요했다고 말한다. 45세라는 나이에 엄청난 변화를 단번에 시도할 순 없었다. 그래서 스테이시는 이직할 곳이 완전히 정해질 때까지 하던 일을 계속하기로 했다. 실패에 대한 두려움을 극복하고 자신감을 높이기 위해 스테이시에게 필요한 건 좀 더 자신 있게 생각하고 행동하는 결단력, 그리고 뚝심 있게 밀고 나가는 추진력이었다.

이쯤에서 실패하지 않는 것에 대한 의미를 한번 생각해보자. 개인적으로든 직업적으로든 말이다. 우리는 때로 거절을 당하기도 하고 불확실한 상황에서 일을 추진하기도 한다. 또 계획한 일이 우리의 생각대로 흘러가지 않는 경우도 허다하다. 하지만 이를 실패의 표식으로 여겨서는 안 된다. 진짜 실패는 아무것도 도전하지 않는 것이다. 실패를 통해 우리는 성장의 기회를 얻는다.

때로 우리는 실패에 대한 두려움 때문에 제2의 직업을 갖기도 한다. 아주 적극적이고 활달한 성격의 사만다는 올해 스물여덟로 나이에 비해 철이 일찍 들었다. 사만다는 스스로 생계를 해결해야 하고 앞길도 헤쳐가야 한다는 사실을 이미 10대 시절에 깨달았다. 경제적인 어려움 때문에 온 가족이 뿔뿔이 흩어져 생활했기에 부모조차 그녀를 도울 수 없었다. 그럼에도 사만다는 가족치료학 석사까지 취득하며 학업을 마쳤고 이후 가족치료사로 활동하고 있다. 여기에 더해 부업으로 제과점도 시작했다. 부업까지 시작한 이유를 묻자 사만다는 실패에 대한 두려움 때문이라고 했다. 가족치료사로 충분한 수입을 올리지 못할 수 있다고 생각해 일종의 대비책으로 제과점을 시작했다는 것이다. 이 두려움의 존재를 깨닫게 된 건 얼마 안 됐다. 사만다는 최근 명상을 시작하면서 두 개의 직업을 가지고 생활하는 것이 가족치료사로 성공하지 못할 수 있다는 두려움 때문이라는 사실을 깨달았다. 이후 사만다는 제과점을 정리하고 가족치료사 일에만 몰두하고 있다. 나는 사만다의 사례를 보며 야구선수 요기 베라가 남긴 명언을 떠올렸다. "우리는 어처구니없는 실수를 너무 많이 한다."

완벽한 의사 결정이란 없다

선택지가 너무 많으면 쉽게 결정을 내리지 못한다. 누구에게나 이런 경험이 있을 것이다. 우리는 또 주어진 선택지 앞에서 좀 더 나은 대안이 있을 거라고 고민해보기도 한다. 중요한 선택을 두고 아무 결정도 내리지 못하는 사람들에게 나는 늘 이렇게 이야기한다. 완벽한 의사 결정이란 존재하지 않는다고.

왜 그럴까? 보통 우리에게 주어진 대안은 크게 두세 갈래로 나뉘는데, 각각의 대안은 저마다 장단점을 갖고 있다. 선택의 결과도 예측할 수 있는 부분과 그렇지 못한 부분을 동시에 갖고 있다. 예를 들어, 의사 결정 과정에서 뭔가 문제가 생기고 이 문제가 절대 해결될 수 없다고 단정해버리면 두려움만 커진다. 또 위태로운 요소가 많다고 느껴지면 섣불리 앞으로 나아갈 수가 없다.

의사 결정에 과정에 수반되는 또 다른 문제는 우리의 생각이다. 즉, 뭔가를 결정할 때는 최대한 깊게 생각해서 최선의 답을 찾아야 한다고 생각하는 것이다. 그런데 우리는 아주 단순한 질문 하나를 놓쳐버린다. '이 결정, 혹은 이 변화에 대해 나는 어떻게 느끼고 있는가?'

완벽한 결정을 해야 한다는 생각에만 붙잡혀 있으면 정작 자신이 어떤 감정을 느끼는지를 놓치고 만다. 이 질문에 대답하는 한 가지 방법은 피보팅을 위한 시각화 연습을 하는 것이다. 시각화 연습은 의사 결정이 필요한 순간에 아주 요긴하게 쓰일 수 있다. 관계를 정리하거나 직업을 바꾸거나 아이를 전학시킬 때처럼 말이다. 앞서 언급했듯 우리는 늘 깊게 고민하고 생각해서 뭔가를 결정하려 한다. 하지만 그 생각은 머릿속만 복잡하게 만들 뿐이다. 시각화 연습은 깊은 생각보다는 깊은 느낌과 마주하도록 도우며 변화에 대한 자신의 느낌과 감정을 좀 더 깊게 들여다볼 수 있게 해준다.

피보팅을 위한 시각화 연습

피보팅을 위한 의사 결정은 생각의 고리에서 빠져나와 자신의 감정과 교류하는 데서 시작된다. 대개 의사 결정 과정에는 불확실한 미래에 대한 두려움과 변화에 대한 거부감이 따르는데, 이를 극복하는 방법 중 하나가 시각화 연습이다. 아래의 순서를 따라 연습해보자.

- 편안한 자세로 눈을 감거나 시선을 편안한 곳에 둔다.
- 호흡을 깊게 1~2회 반복하고 긴장을 완전히 푼다.
- 지금 내가 해야 하는 의사 결정을 떠올린다.
- 명확하게 답이 떠오르지 않는 부분을 떠올린다.
- 어떤 생각과 감정 때문에 쉽게 결정하지 못하는지 생각한다.
- 주된 해결책을 중심으로 다른 대안은 무엇이 있는지 생각한다.
- 그중 하나의 대안을 선택한다. 그리고 그 결과를 예상한다.
- 그 결과에 어떤 감정이 드는가? 불안함인가? 설렘인가? 안도감인가?
- 호흡을 한 차례 깊게 한 뒤 나 자신을 떠올린다.
- 선택한 대안 속에 내 모습이 보이는가?

- 어떤 느낌이 드는가?

- 보고 느끼는 감정에 스스로 만족하는가?

- 잠시 그 상태로 가만히 있는다.

- 이제 그 장면에서 벗어나 다시 주된 해결책으로 돌아온다.

- 다시 돌아온 느낌이 어떤가? 불안함인가? 설렘인가? 안도감인가?

- 호흡을 깊게 1~2회 반복하고 준비가 되면 눈을 뜬다.

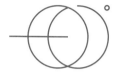

삶의 전환기에 만나는 마음챙김

우리가 인생의 어떤 단계에 있든 나이가 몇 살이든 사람들 대부분은 이렇게 생각한다. '아, 나이를 좀 더 먹으면 내 생활이 좀 더 수월해지고, 단순해지고, 나아지겠지.' 하지만 막상 내가 생각했던 그 나이가 되면 또 다른 변화가 주어지게 마련이다. 인생은 끊임없는 변화의 연속이기 때문이다. 그것은 아이, 혹은 손주의 탄생일 수도 있고, 가족의 건강 문제일 수도 있다. 또 새로운 지역이나 부서로의 인사 발령일 수도 있다. 그런데 이 같은 새로운 역할 변화를 성장형 사고로 받아들이면 수많은 기회를 만날 수 있다.

올해 65세의 아낫은 에너지가 넘치는 여성으로, 자신에게 주어진 시간을 누구보다 알차게 사용하며 노년을 보내고 있었다. 과거에 아낫은 지금 나이인 65세 정도가 되면 대학에서 영어를 가르치고 자식들 집도 마음대로 오가며 자유롭게 살 수 있으리라 생각했다. 하지만 손주들이 태어나면서 아낫의 희망은 물거품이 돼버렸다. 과거에 꿈꿨던 자유는 지금 없다. 아낫은 아직도 많이 혼란스럽다. 다섯 손주의 할머니로서 자신에 대한 스스로의 기대에 자식들의 기대까지 더해져 때로는 너무 벅차다는 느낌이 든다.

아낫은 이렇게 말했다. "손주를 돌본다는 건 정말 행복한 일이에요. 하지만 그건 나와 내 자식들의 관계가 끝난다는 걸 의미하기도 하죠." 아낫은 때로 추억에 잠긴다. 불과 몇 년 전만 해도 아낫은 여러 도시에 흩어져 있는 자식들 집을 오가며 즐거운 시간을 보냈다. 그러다 어느 때고 다시 집으로 돌아와 자신의 일상으로 복귀했다. 하지만 이 자유로운 시간은 3년 만에 끝나버리고 말았다. 자식들이 결혼을 하고 손주들이 태어나자 상황은 완전히 바뀌었다. 물론 세상 무엇과도 바꿀 수 없이 아름다운 아이들이었지만 그 기쁨과 힘듦은 별개였다. 아낫은 손주를 돌보던 시간이 자기 인생에서 가장 힘든 시간이었다고 토로했다. 맞벌이를 하는 딸은 아낫이 아이들을 돌봐주길 원했다. 어쩔 수 없이 아낫은 엄마로서, 할머니로서, 또 영어 교사로서 세 가지 역할을 동시에 감당할 수밖에 없었다. 최선을 다해 손자들을 돌봐주면서도 문득 이런 생각이 들었다. '나 지금 뭐 하고 있는 거지?' 아낫은 영어 교사 일을 놓고 싶지 않았던 것이다. 하지만 아직 남의 손에 맡기기엔 손주들이 너무 어렸다. 결국 아낫은 피보팅을 결정했다. 딸네 집 근처 고등학교의 영어 교사로 자리를 옮기기로 한 것이다. 그곳에서의 삶이 어떻게 흘러갈지는 알 수 없지만 이 결정은 아낫의 인생의 제2막을 열어주었다.

따뜻하고 밝은 성격의 치과의사 루이스는 워킹맘이다. 루이스가 피보팅을 결심한 결정적인 사건이 있었다. 하루는 퇴근해 집에 돌아왔는데 아들이 베이비시터에게 엄마라고 부르는 것이 아닌가! 그리고 엄마인 자신에겐 의사 선생님이라고 불렀다. 루이스는 이때를 회상하며 이렇게 말했다. "정말 깜짝 놀랐죠. 그리고 생각했어요. 이건 정말 아니다." 2주 후 루이스는 자신이 운영하던 병원을 정리하고 집 근처 병원에서 시간제 근무를 시작했다. 아이와 함께하는 시간을 늘리기 위해서였다. 물론 누구나 루이스처럼 쉽게 이직을 해서 시간제로 일할 수 있는 여건에 있지는 않다. 다만, 여기서 중요한 건 새로운 역할을 수행하려면 때로는 피보팅이 반드시 필요하다는 점이다.

나 역시 많은 사람들이 그러듯 나이가 들면 삶이 한층 여유로워질 것이라 생각했다. 하지만 이건 완벽한 착각이다. 전혀 그렇지 않다. 노년의 삶이라고 결코 천천히 흘러가지 않는다. 나이가 들면 세상에 대한 관심이 이전보다 더 많아진다. 또 자식들이 결혼해 새로운 가족을 맞기도 한다. 새로운 역할을 받아들이는 과정은 가족이나 직장 내에서 끊임없이 이어진다. 물론 좋은 점만 있지는 않다. 나쁜 점도 따라오게 마련이다. 단, 이 과정에는 반드시 피보팅이 필요하다. 그러나 너무 절망하지는 않길 바란다. 우리에게는 마음챙김이 있다. 마음챙김을 제대로 실천하면 새로운 역할을 얼마든지 효과적으로 받아들이고 내 삶의 목표에 맞게 조정해나갈 수 있다.

유연한 사고가 중요하다

삶의 전환을 꾀한다고 해서 즉각적인 변화가 나타나는 것은 아니다. 때로 몇 개월, 혹은 몇 년씩 장기적인 관점에서 계획을 세우고 진행해야 하는 경우도 있다. 인생의 기로에서 중요한 결정을 해야 할 때는 더욱 그렇다. 충분히 시간을 갖고 준비해야 한다. 반대로 몇 달이나 몇 년을 보고 장기적인 계획을 한 경우 오히려 며칠 만에 피보팅이 완료되기도 한다. 그것이 피보팅의 신기한 지점이다.

스테이시의 경우 첫 인터뷰 당시 이미 신문사를 나올 준비를 하고 있다고 했다. 그러나 인터뷰 이후 4개월 만에 연락이 됐을 때 그녀는 별다른 진전이 없다고 말했다. "거의 준비를 못 하고 있어요. 그 탓에 새로 들려드릴 소식도 없고요." 하지만 스테이시는 아주 성실하게 이직 준비를 하고 있었다. 라디오 방송에 필요한 강의를 챙겨 듣는 것은 물론이고 책을 읽고 관련 분야의 사람들과 교류하면서 2주에 한 번씩 커리어 코칭 수업도 받고 있었다. 스테이시는 결혼 전이었더라면 1년간 집중적으로 준비해 좀 더 쉽게 옮길 수 있었을 것이라며 아쉬워했다. 애가 셋이나 있는 워킹맘이고 주택담보 대

출이 있어 쉽사리 일을 그만둘 수도 없는 상황이었다. 이 상황을 스테이시는 이렇게 표현했다. "마치 거미줄처럼 엮여 있죠. 너무나 복잡해요. 빨리빨리 나아가지도 못하고요. 저 혼자만의 삶이 아니니까요. 그래서 직업을 바꾸는 것도 제가 바뀌는 게 아니라 가족이라는 공동체 전체가 바뀌는 거예요. 사람을 가득 실은 선박이 움직이는 것과 가벼운 돛단배가 홀로 움직이는 것이 다른 것처럼 말이죠." 스테이시의 비유는 너무나도 적절했다. 큰 선박은 작은 돛단배보다 크기도 크고 훨씬 느리다. "함께 라디오 수업을 듣는 다른 동료들은 이직을 할 때도 혼자만 생각하고 결정하면 돼요. 하지만 전 다르죠. 가족 전체를 생각하면서 제게도 잘 맞는 곳을 찾으려다 보니 더 어려워요." 하지만 강의에서 배운 내용을 자세히 설명하는 그녀의 목소리는 한층 고조돼 있었다. 새로운 배움 자체를 즐기는 듯했다.

이후 2년 만에 스테이시와 연락이 닿았다. 그사이 신문사를 그만두고 새로운 곳에 들어가 벌써 1년째 일을 하고 있다고 했다. 하지만 새로 찾은 일은 그녀가 준비했던 라디오 PD가 아니었다. 라디오 쪽 일을 막 시작했을 때 스테이시는 가장 친한 친구가 백혈병에 걸렸다는 소식을 접했고, 친구는 병을 앓다가 결국 세상을 떠났다. 이후 3개월쯤 지나 스테이시는 백혈병 치료 관련 단체에서 일하기로 마음을 굳혔다. 스테이시는 어떻게 이렇게 빨리 결정할 수 있었는지 스스로도 놀랐다고 했다. 다만, 그 결정이 옳다는 생각이 확고했다. 삶의 새로운 목적과도 잘 맞았다. 이처럼 우리 삶의 목적은 계속해서 변한다. 한곳에 머물러 있지 않다. 그래서 마음을 열고 유연하게 사고하는 것이 무엇보다 중요하다.

내가 인생의 방향을 튼 이유

나의 피보팅 경험을 공유하고자 한다. 변호사 생활을 시작하며 나는 기업소송 분야를 선택했다. 로스쿨 재학 시절, 모의 소송을 통해 다양한 산업에서 발생하는 법적 문제를 해결해가는 과정에 무척 흥미를 느꼈기 때문이다. 하지만 나는 이쪽 분야에서 일을 하려면 내 삶의 다른 부분을 완전히 희생해야 한다는 사실을 미처 알지 못했다. 해를 거듭할수록 해외 출장이 늘었고, 일본 기업을 전담하다 보니 시차 탓에 주말은 반납한 지 이미 오래였다.

그럼에도 나는 내 일을 좋아했다. 그래서 할 수만 있다면 나와 똑같은 사람을 한 명 더 복제하고 싶다는 심정으로 12년을 버텼다. 그러나 아이가 한창 엄마를 찾을 시기에 얼굴도 제대로 보지 못하는 생활을 계속 이어갈 순 없었다. 그래서 좀 더 시간적으로 여유로운 일을 찾기로 했다. 구체적인 계획은 세우지 못했고 근무 시간이 유연한 일을 택하면 월급이 깎일 거라는 것만 예상했다. 그럼에도 변화는 반드시 필요했다. 나는 이직할 곳이 정해지지 않은 상태로 퇴사를 했다. 퇴사 후 내가 처음 해야 할 일은 내 가족, 내 일과 관련해 삶의 목적을 분명히 수립하는 것이었다.

그렇게 퇴사 후 2주쯤 지났을 때 동료 변호사 한 명이 전화를 걸어 시간제로 일할 생각이 있는지 물어왔다. 새로 시작하는 리얼리티 TV 프로그램에서 제작팀 전담 변호사를 구한다고 했다. 전 맨해튼 가정법원 판사가 진행자로 나서는 프로그램이었다. 어쩜 시기도 딱 적절했다. 피보팅을 위해 여러 가지 대안을 놓고 고민하는 중이었기 때문이다. 새로 시작하는 프로그램이라 언제 그만두게 될지 모르는 일이었다. 그럼에도 지금까지와는 전혀 새로운 분야에서 일을 할 수 있다는 기대감에 무척 설렜다. 1주일 후 나는 할리우드의 한 스튜디오로 향했다.

이후 이 프로그램은 〈주디 판사〉라는 제목으로 무려 2년간 방영됐다. 나는 녹화 날에만 출근해 일을 했는데, 많아야 한 달에 대여섯 번 정도였다. 물론 녹화 날이 아니어도 중간중간 처리해야 할 일은 있었지만 로펌 생활에 비할 건 아니었다. 일주일에 70시간씩 일만 하던 그 시절과는 비교조차 되지 않았다!

그렇게 시간제 변호사로 일을 시작한 지 두 달쯤 지났을 때, 사촌 그렉이 놀러온 적이 있다. 로펌을 그만두고 방송 제작팀에서 새로운 일을 시작했다고 하자 그렉은 무척 놀라며 이렇게 말했다. "그런 아르바이트는 그만하고 진짜 일을 찾아야지!" 그렉의 마음도 충분히 안다. 글로벌 로펌에서 기업소송 변호사로 일하는 것이 지금보다는 훨씬 안정적이고 미래도 있다. 무시할 수도 있는 말이었지만 나는 그 말을 계기로 다시 한번 나의 선택을 되돌아보았다. 하지만 내 결론은 역시나 같았다. 시간제 변호사로 피보팅을 한 것은 아주 현명한 결정이었다. 두 아들의 엄마라는 인생의 또 다른 삶의 목적도 너무나 소중하고 중요한 부분이었기 때문이다. 이 목적을 이루기 위해서는 피보팅이 불가피했다.

방송 제작팀과 로펌, 양쪽의 기업문화는 단적으로 이렇게 비교할 수 있을 것 같다. 제작팀에 출근할 때는 단순히 변호사로서가 아니라 나라는 사람 전체가 일을 하러 가는 느낌이다. 로펌에서 일을 할 때는 남자들만 가득한 사무실에서 애들 얘기를 할 수도 없었고, 애들이 아프거나 학교 행사가 있다는 이유로 지각이나 조퇴 얘기를 꺼내기도 쉽지 않았다. 하지만 방송 쪽 기업문화는 달랐다. 나는 〈주디 판사〉 제작팀에서 2년을 보내고 해당 프로그램을 제작한 스펠링 엔터테인먼트의 사내 변호사로 자리를 옮겼다. 정기적으로 '가족의 날' 행사를 여는 가정친화적인 기업이다. 한번은 당시 여덟 살이던 아들을 데리고 갔는데 녀석이 가장 인상 깊게 본 게 벽에 걸린 화려한 영화 포스터가 아니라 주차장 바닥에 적힌 엄마의 이름이라고 했다!

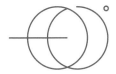

일하는 여자들이 변화에 대응하는 방법

한창 재밌게 일하는 와중에 일을 그만두거나 시간제 근무로 바꾸기로 결정하기란 결코 쉽지 않다. 하지만 가족의 문제나 다른 우선순위로 인해 피보팅이 꼭 필요한 순간이라면 어쩔 수 없는 일이다. 나는 매일같이 나와 똑같은 사람이 한 명 더 있으면 좋겠다는 허무맹랑한 상상을 하곤 했다. 한동안 일을 그만두거나 줄이는 결정이 결코 쉽지 않았기 때문이다. 일에 대한 감을 잃으면 어쩌나 하는 걱정과 함께 수입원이 없어지면 기존의 생활 방식을 바꿔야 하는 문제도 있었다. 직장 동료들과의 소통과 교류도 자연스레 줄어들 것이었다.

도랑에 빠지면 불안감이 엄습할 것이다. 막막하고 두렵고 행여나 이대로 죽 고립될까 봐 무서운 마음이 든다. 일을 그만둘 때도 마찬가지다. 가장 큰 두려움은 다시는 복귀할 수 없을 것 같은 불안감이다. 시간적인 여유를 갖기 위해 현재의 직장을 포기할 때는 이전만큼 많은 돈을 벌지 못하는 데 대한 두려움 또한 따른다. 이때 우리에게 필요한 것이 바로 마음챙김의 실천과 삶의 목적 탐색이다. 즉, 현재 내 상황에 집중함으로써 지금 내게 의미 있는 것이 무엇인지 구체적으로 들여다보는 것이다.

올해 서른다섯인 바비는 1년 전 병원 행정직 일을 그만두었다. 아들에게 엄마 노릇을 제대로 하고 싶어서였다. 바비는 병원 일을 하는 것보다 아들을 돌보는 것이 훨씬 더 중요하다고 판단했다. 병원을 그만둔다고 말하자 동료들은 신중하지 못한 결정이라며 앞으로의 경력을 생각하면 완전히 잘못된 선택이라고 말했다. 바비 또한 너무나 아쉬웠다. 지금도 일을 하고 싶다는 생각이 매일같이 든다. 하지만 지금의 선택은 자신의 상황에서 가장 합당한 결정임을 믿는다며 이렇게 말했다. "제게 꼭 맞는 일이라 하더라도 시기가 잘못됐다면 그건 맞는 일이라고 할 수 없죠."

금융계 전문직 여성 다니엘라는 매사에 정확하고 열정적이며 자신감이 넘친다. 하지만 그런 그녀도 셋째 아이가 태어나면서 삶의 피보팅을 결심했다. 일을 그만두는 것이었다. 그 뒤로 2년째 전업주부로 지내고 있다. 다니엘라는 안정적으로 자리 잡은 가정의 모습에 내심 뿌듯하고 감사했다. 그러나 한편으로는 전혀 반대의 감정이 들기도 했다. 직장 생활을 하던 시절이 그리웠고, 페이스북에서 대학 동기들이 잘나가는 모습을 볼 때면 씁쓸한 생각이 밀려왔다. 다니엘라는 자신이 아이를 셋이나 낳아 전업주부가 될 거라곤 상상도 안 해봤다. 또 다니엘라나 남편 모두 남자는 일을 하고 여자는 집안일을 하는 전통적인 역할을 따를 것이라고는 생각조차 못 했다. 일을 그만둔 다니엘라가 거쳐야 할 또 하나의 과제는 전업주부로서 자신을 인정하고 받아들이는 것이었다. 평생을 워킹맘으로 살아온 어머니가 자신을 비난할까 봐 두려운 마음도 있었다. "엄마가 제 선택을 존중해줬으면 좋겠어요. 그럼 마음이 놓일 것 같아요."

몇 달 후 다니엘라와 다시 연락이 닿았을 땐 좋은 소식을 들을 수 있었다. 다니엘라는 자신의 상황을 있는 그대로 받아들였고, 이후 마음이 한결 안정됐다고 했다. 다시 사회생활을 할 수 있을지 불안한 마음이 드는 건 사실이지만, 아내로서 엄마로서 주어진 역할을 받아들이며 좀 더 장기적인 관점에서 인생을 바라보게 되었다고 했다. 인생의 속도를 조절하게 된 셈이다. 다니엘라는 금융계통에 종사했던 경험을 살려 지역 내 학교 이사회 활동을 돕고 있다. 그러면서 자신의 삶에 대체로 만족해했다.

각종 연구 결과를 보면 시간제 근무를 하는 여성의 경우 정규직으로 근무하는 여성이나 전업주부보다 오히려 더 큰 어려움을 겪는 것으로 나타났다. 회사일이나 집안일 어디에도 온전히 집중할 수 없기 때문이다. 회사에서는 시간제 근무자라는 한계 때문에 중요한 업무가 주어지지 않는다. 또 집에서는 회사 일 때문에 집안일에 집중할 수가 없다. 따라서 양쪽 어느 역할에서도 충분한 만족감을 느끼지 못한다는 것이다.

아이들, 특히 어린 아이가 있는 워킹맘의 경우 회사일과 집안일의 경중을 조절해야 하며 나중에는 결단이 필요한 시점을 맞닥뜨린다. 다니엘라처럼 일을 그만두고 전업주부가 되는 것도 결단 중 하나다. 하지만 모든 워킹맘이 이런 선택을 할 수 있는 건 아니다. 내가 인터뷰를 했던 여성 중에는 둘째 아이를 낳은 지 한 달 반 만에 복직한 여성이 있었다. "회사가 날 구해줬죠. 아이가 어릴 때 집에만 있었으면 난 미쳐버렸을 거예요." 또한 경제적이나 다른 이유로 어쩔 수 없이 일을 계속해야 하는 경우도 있다. 우리는 인생 속에서 회사일과 부모로서의 역할 외에도 크고 작은 수많은 일을 겪으며 살아간다.

탐색과 모험

탐색과 모험이 필요한 이유는 무엇일까? 이 역시 피보팅의 한 과정이기 때문이다. 기회는 준비된 자에게 온다. 그렇다면 언제, 어떻게 마주할지 모를 기회에 대비해 여러 가지 탐색과 모험을 즐기는 과정이 꼭 필요하다. 탐색은 특정 목표를 이루기 위한 하나의 여정이다. 때로는 이 과정에서 엄청난 노력과 수고가 들기도 한다. 또 가족과 친구 등 주변 사람을 당황스럽게 만들기도 하고 수많은 난 관에 봉착하기도 한다.

탐색과 모험을 즐기며 기존의 관습에 대항했던 여성들은 세계 탐험의 역사에 엄청난 족적을 남겼다. 1700년대 중반 프랑스 여성 잔 바렛Jeanne Baret은 세계일주에 성공한 최초의 여성으로 기록됐다. 당시 여자는 항해를 하지 않는다는 금기가 있었기에 그녀는 남자로 변장을 하고 원정대에 합류, 역사를 새로 썼다. 이후 19세기 초에는 영국 여성 탐험가 헤스터 스탠호프Hester Stanhope가 유럽 여성 최초로 시리아 사막을 건너 고대 도시 팔미라를 탐험했다. 이 과정에서 스 탠호프는 이집트 해안에서 조난사고를 당해 모든 짐을 잃었다. 이후 남장을 하고 탐험을 이어갔고 여생을 계속 남자로 변장해 살았다.

1800년대 후반 미국의 기자 넬리 블라이Nellie Bly는 쥘 베른의 작 품『80일간의 세계일주』에 등장한 각종 기록을 탐험하기 위해 세계 일주를 떠났다. 블라이가 편집장에게 탐험을 제안했을 때 그는 아주 좋은 생각이라고 맞장구를 치면서도 망설일 수밖에 없었다. 여자를 그토록 오래, 멀리 취재를 보내려면 보호자는 물론이고 짐을 실을 트렁크도 수십 개를 준비해야 했기 때문이다. 하지만 블라이는 끝내 편집장의 허락을 얻었고 남자로 변장도 하지 않은 채 세계 탐험 길 에 올랐다. 그리고 1890년 1월 25일, 마침내 72일간의 여정을 마치 고 뉴욕에 도착했다. 오늘날 블라이는 여성 기자가 세계 무대로 취재 영역을 넓히는 데 초석을 마련한 것으로 평가받는다.

피보팅의 계기는 사람마다 모두 다르다. 회사의 구조조정으로 갑자기 실직하는 외부적인 요인일 수도 있고, 마음속으로 늘 생각했다가 비로소 실행에 옮긴 것일 수도 있다. 하지만 중요한 것은 언제든 새로운 도전에 나설 수 있는 자신의 가능성을 인식하는 것이다. 모험을 한다고 해서 반드시 어디로 떠나야 하는 건 아니다. 자기 자신을 포기할 필요도 없다. 그저 내가 사는 곳 근처에 무엇이 필요한지, 내가 거기에 무엇을 기여할 수 있는지 파악하는 것도 하나의 모험이다.

5장。

삶에서 가장 중요한 것,
마음의 평온

장기적인 관점으로 세상을 보면
나 자신과 세상에 대한 시선이 한층 풍요로워진다.

크리스타 티펫

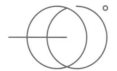

인생의 속도를 통제한다는 것

이번 장에서는 페이싱^{Pacing}, 즉 인생의 속도에 관한 이야기를 하려고 한다. 내가 하려는 이야기는 단순히 일상의 속도를 조절하라는 조언뿐 아니라 우리 삶을 좀 더 장기적으로 바라봐야 한다는 것이다. 또한 행복한 일이든 슬픈 일이든 예상치 못한 일이 언제든지 일어날 수 있음을 염두에 두어야 한다는 이야기이기도 하다.

먼저 페이싱과 관련해 내가 풀어나갈 이야기를 6가지로 정리해 보았다.

• 나만의 페이스를 정한다.

- 인생의 어느 단계에 있는지 인식한다.
- 인생의 여정에서 만나는 각종 장애물을 수용한다.
- 모든 것을 다 할 수는 없음을 인정한다.
- 인생을 장기적인 관점에서 바라본다.
- 나의 제한된 자원을 가장 중요한 일에 사용한다.

페이싱은 간단하게 이동의 속도를 의미한다. 걷거나 뛸 때, 혹은 우리가 살아가는 동안 마주하는 각종 행동과 성장의 속도를 말한다. 페이싱은 '확장하다'라는 뜻을 지닌 판데레^{pandere}라는 라틴어 단어에서 유래됐다. 그리스어로는 페타니나이^{petannynai}인데 이는 삶에 대한 우리의 시야를 '넓게 펼치다'라는 의미다.

시야를 넓히려면 어떻게 해야 할까? 이 또한 마음챙김이 한 방법이 된다. 인생의 속도에 주목하면서 지금 이 순간에 집중해보자. 이를 통해 우리는 좀 더 넓은 시야로 우리 삶을 바라볼 수 있다. 예를 들어보자. 나이 든 부모를 좀 더 집중적으로 보살펴야 할 시기라면, 새로운 사업을 시작할 적절한 시기는 아니다. 늘 꿈꿨던 일이라해도 지금은 적기가 아니다. 마음챙김은 우리의 계획을 잠시 멈추게 함으로써 삶의 목적이 무엇인지 다시 한번 되돌아보게 한다. 당장 이번 주에는 어떤 일을 해야 하는지, 다음 달, 내년에는 어떤 계획을 실행해야 하는지 명확히 인식하게 한다.

평균 수명이 늘어나면서 관심을 갖는 분야도 점점 다양해진다.

예전보다 수명이 늘어나면서 내가 하고 싶은 일을 원 없이 하고, 사랑하는 사람들과 더 많은 시간을 함께 보내고, 직업도 여러 개씩 가질 수 있게 되었지만, 여전히 많은 사람이 시간이 그리 충분하지 못하다고 생각한다.

　매사에 차분하면서도 의욕이 넘치는 에이미는 사회복지사로 일하는 워킹맘이다. 그런데 최근 에이미의 어머니가 돌아가신 데 이어 업무적으로도 많은 스트레스를 받고 있다. 여기에 열 살짜리 아들이 입원을 하고 시아버지까지 급하게 중독치료센터로 옮겨야 하는 상황에 맞닥뜨리면서 에이미는 거의 정신을 못 차리고 있다. 이 모든 일이 일주일 안에 일어났다. 요즘 에이미는 매일 아침 스스로에게 이렇게 묻는다. '나한테 지금 당장 급한 일이 뭐지? 바로 처리하지 않아도 괜찮은 일은 뭘까?' 그러면서 내게 이렇게 말했다. "할 수 있는 한 최선을 다해야죠. 하지만 지금 당장 내 손길이 필요한 곳이 어디인지부터 분명히 결정해야 해요. 그렇게 해야 급한 일부터 하나씩 처리할 수 있죠. 금세 새로운 일들이 밀려오거든요." 에이미는 일의 우선순위를 명확히 알고 있었다. 이런 정신없는 생활 속에서도 에이미는 7년째 매일 해오고 있는 마음챙김 수련과 좀 더 긴 시야로 인생을 바라보는 습관 덕분에 쉽게 무너지지 않고 잘 버텨낼 수 있었다.

우선순위의 중요성

종종 우리는 시간을 두고 진행하면 훨씬 더 효과적일 수 있는 일을 한꺼번에 이루고자 욕심을 낼 때가 있다. 하지만 우리는 모든 일을 다 해낼 수 없다. 모든 걸 읽을 수도, 모든 것에 일일이 반응할 수도 없다. 밤을 새운다 해도, 수개월간 쉴 틈 없이 일에만 매달린다 해도 역부족이다.

때로 여자들은 "여자도 뭐든 할 수 있어"라는 말을 '여자도 다 할 수 있어'라는 말로 잘못 받아들인다. 그래서 전문 직업인으로 경력을 쌓으며 때가 되면 결혼도 하고 아이를 낳아 완벽하게 양육하며 지역 사회에 봉사도 하면서 열심히 살면 꽤 높은 성취감과 만족감을 느낄 수 있으리라 생각한다. 그러나 누구도 이 모든 걸 다 잘 할 수는 없다.

이와 관련해 기자 웨스터벨트^{Westervelt}는 이렇게 말한다. "우리 사회는 여성들에게 좀 기대라고 말한다. 그런데 돌이켜보니 전혀 의지가 안 되는 곳에 기대고 있었다." 웨스터벨트의 이 말은 페이스북의 최고운영책임자 셰릴 샌드버그의 책 『린 인』을 둘러싼 논란을 암시한 듯하다. 샌드버그는 이 책에서 여성이 성공하려면 기대고 의지하는 자세가 필요하다고 설파했다. 즉, 살림과 육아를 남편과 절반씩 나눠 해야 한다는 것이다. 몇 해 뒤 샌드버그는 자신의 남편이 죽고 나서 첫 번째 책 『린 인』은 싱글맘처럼 기댈 곳이 없는 여성들의 고

충을 헤아리지 못했음을 인정했다. 그러면서 두 번째 책『옵션B』를 통해 이 부분을 사과하고 특별히 배우자의 죽음과 같은 힘든 일을 어떻게 극복하고 강해질 수 있는지에 대해 말했다. "제가『린 인』을 출간했을 때 남편 없이 홀로 살아가는 여성들의 어려움은 고려하지 못했다는 지적을 받았습니다. 그리고 그 지적이 맞았습니다. 저는 싱글맘들의 애환까지 깊이 생각하지 못했습니다. 모든 집안일을 혼자 감당해야 하는 여성들이 사회에서 성공하기가 얼마나 힘든지 제대로 알지 못했습니다."

한꺼번에 많은 책임이 같은 시기에 밀려들기도 한다. 그러면 어떻게든 그 일을 동시에 처리하려고 애를 쓴다. 하지만 앞에서 언급한 여성들의 어긋난 믿음을 떠올려보자. '나는 똑똑하지도 않고 능률적이지도 않다. 그렇다고 일을 빨리하는 것도 아니고.' 오랫동안 이런 생각을 해오지 않았는가?

20대부터 40대까지는 고등교육을 받아 경제적으로 독립한 뒤 가정을 꾸리고 그 과정에서 커리어 개발를 하거나 아이를 낳고 각종 기부나 봉사활동을 통해 지역 사회에 공헌하는 것이 주된 역할이다. 이어 50대부터 70대, 그 이상으로 넘어가면 우리의 책임은 사뭇 달라진다. 주로 기존의 커리어를 좀 더 발전시키거나 아예 다른 방향으로 전환하고 다양한 교육을 받으며 대인관계를 유지하고 사회 초년생들에게 멘토 역할도 한다. 또 손주들을 돌보는 한편 노부모의 건강을 고려해 새로운 곳으로 터전을 옮기기도 한다. 이와 함께 가족들의 건강 문제에 더욱 신경을 쓰고 지역 사회를 위해 다양한 봉사활동을 하는 것이 이 시기의 주된 임무다.

이때 우리는 현재 내 삶이 어느 단계에 있는지 분명히 인식해야 한다. 그래야 삶의 리듬을 조절해 궁극적으로 우리 삶의 여러 가지 목적을 단계적으로 실현할 수 있게 된다. 결코 모든 일을 한번에 실현시킬 수는 없다.

우리는 스스로에게 이렇게 질문해야 한다. '지금 내게 현실적으로 가능한 일은 무엇인가?' 이것은 무엇이 가능한가를 묻는 질문과는 전혀 다르다. 즉, 가능할 것처럼 보인다고 해서 지금 이 시점, 지금 내 상황에 가능한 것은 아니다. 삶의 시기와 관계없이 동시에 어떤 역할을 얼마나 수행할 수 있는가는 여러 가지 요소에 좌우된다. 이를테면 경제적 상황, 가족 내 책임, 스스로의 에너지 수준, 회사 일의 강도, 가족과 친구, 회사의 지원 등이 포함된다. 한꺼번에 모든 일을 할 수 없다고 인정하는 것은 중요한 것을 추구하지 않겠다는 태도가 결코 아니다. 그저 일의 우선순위에 따라 순서를 조절하겠다는 것이다.

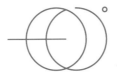

하루가 한결 편해지는 마법, 선택적 무시

인간의 역사에서 평균 수명은 50세에도 미치지 못했다. 그러나 2000년 이후 미국에서 태어나는 아이들의 평균 수명은 100세가 넘을 것으로 예상된다. 심신의 기능이 원활하고 건강한 생활 방식을 유지할 경우 수명 또한 이전보다 크게 늘고 있는 추세다. 이렇듯 수명이 늘었다는 건 우리 인생에서 여러 번의 마라톤을 경험하게 됐다는 것을 의미한다. 마라톤에서처럼 인생의 방향은 수시로 변한다. 그 여정에서 어떤 장애물을 만나느냐에 따라 얼마든지 바뀔 수 있다. 이때 중요한 것은 절대 포기하지 말고 계속해서 노력하며 나아가는 것이다. 또 일정한 페이스를 유지하면서 난관에 봉착할 때마다 최선의 해결책을 마련하는 것이다.

마라톤 경주에 참가했다고 생각해보자. 그리고 그 과정에서 예상치 못하게 마주할 수 있는 갖가지 상황을 떠올려보자. 근육에 경련이 일어날 수도 있고, 날씨가 추워져 길이 미끄러워질 수도 있다. 또 진흙투성이 길을 만날 수도 있다. 인생의 마라톤도 이와 마찬가지다.

경력 중단은 우리 삶에서 페이싱을 실천하는 한 가지 방법으로, 대개 정년 이전의 여성이 육아를 이유로 직장을 그만두는 것을 의미한다. 그러나 오늘날 많은 여성이 경제적으로 가장의 역할을 하고 있고, 여성의 사회 진출도 대폭 확대된 상황을 고려하면 이 같은 정의는 시대와 맞지 않는 부분이 있다. 따라서 오늘날의 경력 중단은 일을 쉬거나 그만둔다는 의미보다 육아 등 삶의 다른 요구에 부응하기 위해 일의 종류나 형태를 수정한다는 의미에 더 가깝다.

프린스턴대학교 교수인 슬로터는 일이 많아 늘 바쁘게 살았지만 스케줄을 조정하면서 비교적 계획된 생활을 꾸려갔다. 그러나 여성 최초의 정책실장으로 기용되면서 이 같은 생활은 완전히 무너졌다. 슬로터는 결국 2년 만에 정책실장 자리에서 물러났다. 그녀가 사임한 이유는 대학교에서의 임기 문제도 있었지만, 그보다 더 큰 이유는 정부 기관에서 요직을 수행하면서 두 아들 양육을 도저히 병행할 수 없다고 판단했기 때문이다. 슬로터는 자신의 결정에 60대 이상의 페미니스트들이 종종 이런 식으로 실망감을 표현한다고 말했다. "우리 세대는 각종 페미니즘 신조를 귀에 못이 박히도록 들으며 자랐기 때문에 일과 육아 사이에서 아무리 힘들어도 꿋꿋이 버텨낼 수밖에 없었다. 다음 세대에 결코 실패의 유산을 남겨줄 수 없다는 굳은 다짐 때문이었다. 하지만 오늘날 젊은 여성들은 '모든 걸 다 잘할 순 없다'는 헛된 구호를 외치며 우리 부모들 말을 들으려하지 않는다. 대화가 필요한 시점이다." 그러나 슬로터가 정책실장을 그만두고 학교로 돌아온 것은 페이싱의 아주 좋은 사례다. 정부 기관의 요직을 수행하면서 육아라는 또 다른 우선순위를 병행할 수는 없었기 때문이다. 슬로터의 결정은 시의적절한 변화였다.

인생은 마라톤과 단거리 경주의 반복

페이싱은 지금 내 삶의 챕터를 정확히 인지하고 지금이 아니면 실천하기 힘든 목표를 추구하는 것까지 포함한다. 내 경우를 예로 들어보자. 20대 중반 나는 미국 서던캘리포니아대학교 대학원에서 마지막 학기를 다니고 있었다. 그런데 그때 일본에서 영어 교사를 해볼 수 있는 기회가 주어졌다. 내가 공부한 분야도 아니고 계획한 일정도 아니었지만, 이때가 아니면 다시는 해볼 수 없을 아주 흥미로운 경험이라고 생각했다. 로스쿨은 언제라도 갈 수 있고, 흔히들 말하는 '현실적인 삶'은 이후에도 얼마든지 살 수 있었다. 그래서 나는 일본으로 떠나기로 결심했다. 처음 일본행 비행기에 오를 때는 그저 한두 달 경험을 쌓고 돌아오는 것으로 생각했지만 결국 나는 그곳에서 3년을 보냈다.

평생을 과학자로 살아온 65세의 베스는 이혼 후 아이들을 혼자 키웠다. 아이들은 지금은 모두 장성해 가정을 이루었다. 베스는 대학에서 수화학을 전공한 최초의 여성으로, 현재 환경 컨설턴트로 일하고 있다. 처음 베스를 만났을 때 그녀의 분명한 어조와 흔들림 없는 눈빛을 보고 무척 자신감 있는 여성임을 직감했다. 베스는 과거 30년 동안 알래스카 석유 시추 현장에서 80명의 인부들을 데리고 프로젝트를 이끌었다. 매번 프로젝트를 진행할 때마다 6개월 가까이 일에 파묻혀 살아야 했다. "공사가 시작돼 끝날 때까지 공사와 관련된 모든 사항을 정확하게 알고 있어야 한다. 매번 어마어마한 자금이 투입되는데 시추 작업이 성공적으로 이뤄지지 못하면 손해가 막대하다. 따라서 공사 기간만큼은 온 신경을 집중해 모든 절차를 하나하나 꼼꼼히 따질 수밖에 없다."

다른 워킹맘들과 마찬가지로 베스도 인생 마라톤을 여러 번 거쳤다. 아이를 기르며 일도 하고 대학원 학위까지 마쳤다. 결코 녹록치 않은 과정이었다. 어느 겨울날에는 남편과 함께 두 아이를 꽁꽁 싸매 자전거에 태워 학교까지 간 적도 있다. 베스는 마라톤만 한 게 아니다. 단거리 경주도 수시로 뛰어야 했다. 본인이나 아이들이 아프거나 시험 기간일 땐 어쩔 수 없었다. 걷거나 뛰기 등 다양한 형태의 페이스를 아우르는 마라톤과는 달리 단거리 경주는 비교적 짧은 시간 내에 전력 질주를 요한다. 때로는 단거리 경주처럼 혼신의 힘을 다해 뛰어야 할 때가 있는 반면 아무리 빨리 달려도 해결되지 않는 상황도 있다. 그럴 때는 그 상황에 온전히 집중하며 해결 방법을 찾아야 한다. 우리의 인생에 마라톤과 단거리 경주가 모두 존재하는 것처럼 때로는 집안일과 회사 일을 동시에 건사하며 달리기를 이어나가야 할 때도 있다.

일 폭탄에서 빠져나오기

우선적으로 처리해야 할 일이 너무 많아 복잡하고 혼란한 상황이라면 어떻게 해야 할까? 이런 상황에서 빠져나오려면 우선 세부적인 목적이 진척을 보이는지 평가하면서 일별, 주별, 월별 우선순위를 명확히 구분해야 한다. 그래서 중요하지 않은 일들은 나중으로 미루거나 과감히 없앤다. 우리는 하루에 수많은 일을 처리하려고 노력한다. 하지만 그 많은 일을 한꺼번에 다 처리할 수도, 우리가 원하는 방식대로 해결할 수도 없다는 사실을 분명히 인지해야 한다. 이런 관점에서 '선택적 무시'는 일의 경중을 파악해 미루거나 쳐낼 때 아주 유용한 방법이다. 그래서 우선순위가 낮은 일에는 괜한 에너지를 쏟지 않는다. 이런 식으로 일의 중요도를 따져 선별해야만 내 삶에서 의미 있는 목표 달성을 위한 시간을 확보할 수 있다.

지난 3월 어느 날 아침, 그날 해야 할 일을 머릿속으로 죽 정리하고 있었다. 그러자 미처 생각지 못한 일까지 여기저기서 툭툭 튀어나왔다. 이번 주 초에 마무리했어야 할 계약서 두 건을 수정하고 봄방학에 다니러온 조카를 다시 집으로 데려다줘야 했다. 또 세금 납부 기록을 정리해 회계사에게 전달해야 했고, 독서 모임에서 과제로 주어진 책도 마저 읽어야 했다. 이뿐만이 아니다. 엄마께 전화를 드리고 몸이 안 좋은 동네 친구에게 스프를 끓여다줘야 했고, 또 다른 친구의 결혼 선물을 구입하고, 지난 크리스마스 때 받은 카드도 읽어야 했다. 벌써 3월인데 아직도 읽지 못한 카드가 한가득 쌓여 있었다(우리는 여전히 종이 카드를 주고받는다!). 할 일이 너무 많아 도대체 뭐부터 해야 할지 막막했다.

내가 어떻게 했을까? 나는 선택적 무시를 택했다. 엄마께 전화를 드리고, 스프를 배달하고, 세금 장부를 정리하는 일만 남겨두고 나머지는 다 미뤘다. 이때 나는 어떤 과정을 거쳤을까? 우선 나 자신에게 이렇게 물었다. '지금 당장 하지 않아도 되는 일이 있는가? 오늘 안 하면 문제가 생길 만한 일이 있는가? 내가 오늘 못 하면 다른 사람까지 기다려야 하는 일이 있는가?' 우리는 종종 일의 우선순위를 간과한 채 주어진 일을 한꺼번에 처리하려다 뒤죽박죽 혼란에 빠진다. 하지만 우선순위를 명확히 정리하면 시간도 절약할 수 있고 결과적으로 일 더미에서 한결 수월하게 빠져나올 수 있다.

생기 있는 목소리와 미소로 첫눈에 강한 인상을 남겼던 제니퍼는 올해 30대 후반 미혼 여성이다. 20대를 뒤돌아보면 제니퍼는 늘 개인적으로, 직업적으로 자기계발을 소홀히 했다는 후회가 밀려온다고 말했다. 교육적인 부분은 어느 정도 목표를 달성했지만, 다른 부분에서는 뭔가 늘 부족한 것 같은 느낌을 지울 수 없다. 직장에서도 뒤처진 것 같고, 결혼을 하고 아이를 낳을 수 있을지도 모르겠고, 어느 곳에 정착해야 할지도 아직 불분명하다. 여전히 삶의 많은 부분이 불확실한 상태로 있다. 제니퍼는 이 부분이 너무 지치고 힘들었다. 그런 순간에 제니퍼는 자신의 인생을 조금 더 멀리서 조망하는 관점을 가지려고 했다. 익숙한 생각의 방식이 아니어서 곧장 다시 조급해지고는 했지만 마음챙김을 할 때마다 조바심을 버리는 연습을 했다. 자신의 인생을 바라보는 넓은 시야는 연습으로도 가능하다. 제니퍼는 삶의 모든 영역을 한 번에 채울 필요는 없다는 걸 깨달았다. 그때부터 제니퍼의 마음은 한결 편안해졌다.

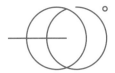

어느 배우가 삶의 우선순위를 바꾼 이유

인생의 속도는 누가 결정하는가? 두말할 것도 없이 나 자신이다. 자기 인생의 운전대를 잡고 앞으로 나아가는 사람은 바로 나이기 때문이다. 인생의 속도와 관점을 아는 사람은 자신의 삶을 훨씬 더 효과적으로 통제한다. 이를 놓치면 허둥대고, 서두르며, 덤벙대고, 조급해진다. 잠시 당신의 일상을 떠올려보자. 이 중에서 어떤 단어가 가장 잘 어울리는가?

두 아이의 엄마이자 대규모 병원의 병원장 산드라는 페이싱에 대해 이렇게 설명한다. "수많은 일거리 앞에서 '아니요'라고 외칠 수 있는 용기가 필요하다. 해야 할 일은 끝없이 나오기 때문이다." 산드라는 스스로에게 늘 이렇게 질문한다. '이 다섯 가지 업무를 오늘 중으로 처리하지 못하면 어떻게 되지? 지구가 망하나?' 대답은 대체로 '아니요'다. 산드라는 또 일을 열심히 하는 만큼 놀 때도 열심히 논다. 휴가 기간에는 회사 일을 완전히 잊는다. "제가 2주간 손을 뗀다고 그렇게 많은 게 바뀌지 않아요. 누군가에게 손해가 될 일도, 그리 많은 돈을 까먹을 일도 없고요. 직원들이 설사 한두 가지 실수를 한다고 해도 그 실수를 통해 배우는 것도 분명 있을 테니 괜찮습니다." 페이싱에는 쌓여 있는 일거리 앞에서 과감하게 "아니요"를 외치는 것뿐 아니라 평소보다 훨씬 더 자주 "아니요"를 말하는 것도 포함된다. 기억하자. 우리는 쌓여 있는 일을 쳐내는 데 우리의 생각보다 훨씬 미숙하다.

가끔은 속도를 늦추거나 아예 잠시 멈춰야 한다. 대부분의 사람은 어떻게든 마감을 지켜내 주어진 일을 완수하려 노력한다. 그래서 속도를 늦추는 방법을 최후의 수단으로 생각한다. 그러나 잠시 중단하고 휴식을 취하는 건 상당한 에너지를 공급해준다. 그래서 일상에서 잠시 떨어져 정기적으로 휴식을 갖는 건 반드시 필요한 과정이다. 그러나 여전히 많은 이들이 너무 바쁘다는 이유로 휴가를 내지 못한다. 관련 조사 결과, 기업 경영진의 84퍼센트는 일 때문에 휴가를 포기했다. 이전에 로펌에서 함께 근무하던 동료들은 일 때문에 2~3년째 휴가를 못 가는 상황을 마치 자랑처럼 이야기하곤 했다. 심지어 신혼여행까지 다음 해로 미룬 동료도 있었다. 일하는 틈틈이 휴식을 취하는 것과 휴가를 떠나는 것 모두 중요하다. 한꺼번에 2주를 쉬는 것보다 하루 일과 중 짬을 내 휴식을 취하는 게 더 효과적이라는 연구 결과도 있다.

지금까지는 주로 일상생활에서 실천할 수 있는 페이싱에 대해 살펴보았다. 이제부터는 내가 통제할 수 없는 상황에서의 실천 방법에 대해 알아보고자 한다. 나 자신이나 가족, 친구의 갑작스러운 사고나 질병은 우리의 일상을 순식간에 바꿔버린다. 한때 배우로 활동했던 제시카는 자전거 실력도 프로급이었다. 하지만 서른여섯 살 되던 해 어느 토요일 아침, 국도에서 자전거를 타던 중 사고를 당해 근처 대학병원으로 긴급 이송됐다. 제시카는 다리를 크게 다쳐 이후 3년 동안 재활치료를 받아야 했다. 그녀는 한동안 자포자기 상태로 지냈다. 더 이상 배우 생활을 할 수 없다는 사실 때문이었다. 배우 외에 다른 일은 생각해본 적도 없었다. 절망 그 자체였다. 하지만 이제는 어쩔 수 없는 일이었다. 제시카는 진로를 바꿔보기로 결심하고 얼마 전부터 성우 일을 시작했다.

제시카는 그때의 사고가 자신의 삶을 돌아보고 정말 의미 있는 일이 무엇인지 다시금 생각해보는 계기가 됐다고 말했다. 제시카는 이제 자기 자신에게 늘 '충분하다'고 속삭인다. 삶의 가치관이 완전히 바뀐 것이다. 제시카는 이제 삶의 우선순위를 건강 회복과 가족, 친구, 새로운 일에 두고 있다. 그러면서 이렇게 말한다. "이제 더 이상 멋들어진 휴가나 크고 좋은 집을 중시하지 않아요." 제시카는 자신의 이 같은 변화가 사고 이후 시작한 마음챙김 수련 덕분이라고 말했다. 아무리 인생이 흔들릴 만큼 충격적인 사고를 당했어도 삶의 속도를 줄이기란 결코 쉽지 않았다. 결혼해서 아이를 키우며 잘 사는 친구들을 보거나 사회적으로 성공한 친구들, 온갖 좋은 곳을 여행하는 친구들을 보는 것도 여전히 어렵다. 지금으로서는 제시카가 꿈꿀 수 없는 일이기 때문이다. 그럼에도 제시카는 매일 실천했던 명상 덕분에 마음의 평안을 찾을 수 있었다. 제시카의 이야기는 우리가 페이싱을 통해 현재의 삶이 자신에게 정말 의미 있는 것을 제대로 반영하고 있는지 돌아볼 수 있는 계기가 된다는 사실을 일깨워준다. 또한 제시카는 심리적 건강이 육체적 상태에 좌우되지 않음을 분명히 보여준다. 심리적 안정은 행복과 마찬가지로 우리의 선택이다. 건강 문제를 비롯해 수많은 문제가 우리 삶에 닥치더라도 내 선택에 의해 얼마든지 안정적인 상태를 유지할 수 있다.

중요한 것은 마음챙김을 실천함으로써 우리 삶의 밀물과 썰물이 들어오는 시기를 정확히 아는 것이다. 각자에게 효과적인 페이스를 스스로 조절해나가자. 나는 매일 아침 짧은 명상을 하며 내 페이스를 스스로 이끌어가겠다는 다짐을 한다. 하루 일과 중에 이런 짧은 명상을 반복할수록 훨씬 더 차분해지는 마음을 느낄 수 있다.

하루 휴식의 힘

아일랜드의 시인 존 오도노휴는 '전환기 휴식'에 대해 여러 번 언급했다. 대표적으로 여행을 예로 들며 그는 이렇게 설명했다. "사람들은 보통 새로운 도시나 지역을 여행할 때 처음 한두 시간은 무척 신기한 눈으로 이곳저곳을 구경한다. 하지만 그때뿐이다. 며칠만 지나도 모든 걸 당연하게 여기고 더 이상 관찰하려는 의지를 보이지 않는다. 심지어 여행 2~3일만 지나도 쉽게 질려 한다. 이럴 때 전환기 휴식이 필요하다. 한 지역에서 다른 지역으로 옮겨 갈 때 제대로 휴식을 취하면 새로운 마음과 의지를 다지는 데 아주 효과적이다."

나는 뭐든 허겁지겁 서두르는 편이다. 한 번에 많은 일을 처리하려다보니 늘 분주하다. 그래서 일 처리 시간이 언제나 생각보다 오래 걸린다. 일본어에는 '여유'를 뜻하는 말로 '유도리'라는 단어가 있다. 이를테면, 약속 장소나 회의 장소에 남들보다 일찍 도착해 여유 있게 준비한다는 뜻으로 사용된다. 또한 시를 한 편 읽고 나서 잠시 생각하는 시간을 가지며 여유 있게 음미한다는 뜻으로도 사용될 수 있다. 내 일본 친구 케이코는 유도리를 이렇게 설명했다. "유도리는 인생을 평화롭게 즐기는 데 아주 중요한 개념이야. 항상 바쁘게만 살 수는 없잖아. 유도리는 사치도 아니고 시간 낭비도 아니야." 여유로운 시간을 즐기면서도 마음이 불편해질 때가 있다. 쉬는 시간에

뭐라도 해야 할 것 같은 강박을 느끼기 때문이다. 하지만 여유로운 시간은 그 무엇을 하는 시간보다도 훨씬 중요하다. 우리에게는 마음의 안정과 평온이 가장 중요하기 때문이다.

최근에 일본 출장을 갔을 때 나는 하루의 여유 시간을 갖게 되었다. 예상치 못한 자유 시간이었다. 그 하루는 그간의 피로를 싹 날리는 비타민 같았다. 다음 날부터는 시간 단위로 일정을 쪼개 최대한 효율적으로 시간을 보낼 계획이었기에 하루의 휴식은 너무나 달콤했다. 본격적인 일정을 시작하자 전날 보낸 여유로운 시간을 통해 얻은 에너지가 큰 힘이 되었다. 일상생활에서도 휴식의 기술을 활용할 수 있다. 퇴근하고 집에 들어가기 전 5분 남짓의 짧은 산책을 해보자. 심리적으로 상당한 회복과 평안을 가져다준다는 것을 깨닫게 될 것이다. 또 긴장되는 일을 앞두고서는 좋아하는 음료를 한 잔 마시며 심호흡을 해보자. 안정을 찾는 데 생각보다 큰 도움이 된다.

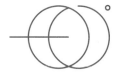

"다시 산다면 더 많은 실수를 저지르리라."

페이싱은 우리가 '무엇을' 하기를 허락하는 것이다. 과연 무엇을 허락하는 것일까? 아래 목록을 살펴보자.

- 쉬는 것을 허락한다.
- 일을 줄이는 것을 허락한다.
- 그대로 머물러 있는 것을 허락한다.
- 거절하는 것을 허락한다.
- 손보지 않고 그대로 놔두는 것을 허락한다.
- 다른 사람에게 위임하는 것을 허락한다.

- 한계를 설정하는 것을 허락한다.
- 뛰어나지 않아도 될 것을 허락한다.
- 아무것도 하지 않는 것을 허락한다.
- 친구들 만나는 것을 허락한다.
- 나 자신이 되는 것을 허락한다.
- 도움을 요청하는 것을 허락한다.
- 죄책감에서 벗어나는 것을 허락한다.
- 나 자신을 돌볼 수 있도록 허락한다.
- 모든 문제의 해결사가 되지 않도록 허락한다.
- 자기 돌봄을 이기적인 것으로 생각하지 않도록 허락한다.
- 모든 것에 책임감을 느끼지 않도록 허락한다.

어떤 생각이 드는가? 추가하고 싶은 항목이 있는가? 얼마 전 나의 시어머니는 아주 만족한 표정으로 내게 이렇게 선언했다. "이제 아흔 살이 되었으니 내 인생 처음으로 내가 하고 싶은 대로 하면서 살 거야. 꼼짝하기 싫은 날은 아무것도 안 할 거란다. 나로서는 아주 큰 결정이지. 30년 동안 해온 박물관 자원봉사도 그만둘 거야. 거절을 못 하는 성격도 좀 바꿔보려고." 내 시어머니의 새로운 변화가 어떻게 보이는가? 나는 정말 대단하다고 생각한다. 당신도 그녀의 말에서 느끼는 바가 있다면 굳이 90세까지 기다릴 필요가 없다. 지금 당장 시작하자. 내 삶에서 가장 중요한 것이 무엇인지를 깨닫고 그

것을 위해 살아가도록 보다 많은 것을 내게 허락하자. 아래는 내가
참 좋아하는 시다. 이 시를 볼 때마다 나는 다시금 마음챙김의 중요
성을 되새기게 된다.

인생을 다시 산다면 더 많은 실수를 저지르리라

나딘 스테어 Nadine Stair

좀 더 편안하게, 여유를 갖고 살아가리라. 바보같이 살아가
리라. 지금처럼 매사에 심각해지지 않으리라. 더 많은 것에
도전하면서 재미있게 살아가리라. 등산도 수영도 자주 하리
라. 콩 요리보다는 아이스크림을 더 자주 먹으리라. 상상 속
의 고통은 피하고 있는 그대로를 받아들이리라.

모든 일에 분별력 있게, 건전하게 행동했던 나. 단 하루도 허
투루 쓰는 법 없이 성실히 살아온 나. 그러나 인생을 다시 산
다면 그저 원하는 대로 즐기며 살아가리라. 아무것에도 집착
하지 않고 내게 주어진 순간순간을 살아가리라. 몇 년씩 앞
서 걱정하기보다 오늘만 생각하며 살아가리라. 여행을 갈 때
면 늘 체온계와 따뜻한 물, 우비, 비옷 등을 챙겨 집을 나서던
나. 하지만 인생을 다시 산다면 그렇게 하지 않으리라. 그저
가방 하나 짊어지고 가볍게 떠나리라.

인생을 다시 산다면, 이른 봄에 신발을 벗어 던지고 늦가을이 올 때까지 맨발로 지내리라. 춤도 더 많이 추고, 회전목마도 더 자주 타고, 데이지 꽃도 더 많이 꺾으리라.

휴식이 시간 낭비처럼 느껴진다면

바쁘다는 것은 단순히 삶의 패턴을 의미하지 않는다. 그것은 성공과도 직결된 문제다. 이런 경우 주중에는 과도한 일정으로 심신의 피로감이 극에 달할 수 있다. 따라서 주말에는 주중의 페이스에 변화를 주고 휴식을 취해야 한다. 아무 일정도 안 잡는 게 주말 일정이다. 아무것도 하지 않으면서 시간을 그냥 흘려보내보자. 이때 가장 중요한 것은 스스로 휴식을 취할 수 있도록 허락하는 것이다. 언젠가 주말에 하고 싶은 일을 빼곡히 적어둔 적이 있다. 그런데 일요일 저녁, 내가 적어둔 일 중에서 단 하나도 행동으로 옮기지 않았음을 깨달았다.

그럼 난 이틀 동안 대체 무얼 했을까? 곰곰이 생각해보니 나는 그저 나 자신에게 집중했다. 사실 그 목록은 아예 쳐다보지도 않았다. 뒷마당에 나가 오렌지를 따 먹고 파란색 하늘도 마음껏 올려다보았다. 내게 정말 필요한 건 재충전의 시간이었다. 그 사실을 너무 늦게 깨달았다. 이제는 주말이면 마음 놓고 쉴 수 있도록 나 자신을 허락한다.

재충전의 시간을 허락하는 것은 여행할 때도 무척 중요하다. 아이들이 어렸을 때 런던으로 가족여행을 간 적이 있다. 이런저런 관광 명소를 둘러볼 계획이었다. 그러나 어느 하루는 남편과 아이들 모두 호텔에 남아 있고 싶어 했다. 나는 런던까지 와서 호텔에만 있는 건 시간 낭비라고 생각했다. 하지만 남편과 아이들의 생각은 달랐다. 결국 남편과 아이들은 호텔에 남아 종이인형을 만들며 푹 쉬었고, 나 혼자 런던 탐방에 나섰다. 전혀 계획에 없던 일이었지만 하루 일과를 바라보는 시선이 각자 다를 수 있음을 인정하는 계기가 됐다. 아이들은 휴식을 취한 덕분에 다시금 에너지를 충전할 수 있었고, 다음 날에는 모두 활기찬 마음으로 빅 벤을 구경했다.

휴식은 원기를 회복시켜준다. 그래서 중요하지 않은 것은 과감히 쳐내고 중요한 것에만 집중하도록 돕는다. 휴식의 중요도를 업무와 같은 선상에서 생각해보자. 휴식을 통해 우리는 일상의 평온을 찾고, 시간적 여유를 즐기고, 일의 능률을 높일 수 있다. 그러나 휴식은 때로 나태, 혹은 게으름으로 오인된다. 경영 컨설턴트 알렉스 수정김 방Alex Soojung-Kim Pang은 이렇게 설명한다. "이 둘은 전혀 다른 것이다. 지나가는 구름을 보거나 폭포 소리를 들으며 휴식을 취하는 건 절대 시간 낭비가 아니다. 이 같은 휴식은 행복의 원천이고, 나태와 게으름은 고통의 원천이다."

거절을 잘 하면 생기는 변화

당신이 거절을 잘 하는 편이라고 생각하는가? 대부분은 거절이 어렵다고 대답한다. 그리고 그 이유는 이렇다. '아무도 실망시키고 싶지 않아.' '다른 사람한테 상처주기 싫어.' '한번 거절하면 다시는 나한테 부탁을 하지 않을 거야.' '날 싫어하면 어떡하지?' '사람들이 날 안 좋게 볼 거야.'

왜 우리는 거절을 이토록 어려워할까? 정말 거절하고 싶은 순간에도 망설일 수밖에 없는 이유는 각자 다르다. 사회학자 크리스틴 카터Christine Carter는 어렸을 때부터 거절하는 법 자체를 배우지 못했기 때문이라고 설명한다. 보통 거절은 퇴짜나 묵살로 간주되며 경미한 언어폭력으로 취급된다는 것이다. 그래서 거절의 표현은 누군가 마약을 권했을 때, 혹은 낯선 사람이 사탕을 주며 접근할 때나 쓸 수 있는 것으로 알고 자랐다. 심리학자 메리 파이퍼Mary Pipher는 인생 처음으로 거절했던 순간을 떠올리며 이렇게 말했다. "하늘에서 벼락이라도 떨어질까 봐 얼마나 무서웠는지 몰라요!" 파이퍼는 다른 사람의 부탁을 잘 들어주는 것을 미덕으로 알고 자랐다. 정작 내가 원하는 게 뭔지는 제대로 알지 못한 채 늘 다른 사람이 원하는 것에만 관심을 기울이며 살았다.

기회를 놓치고 싶지 않은 마음이 들면 거절은 더욱 어려워진다. 나의 시어머니 수는 아흔 살이 되어서야 비로소 좀 더 많이 거절하며 살겠다고 선언했다. 몇 달 뒤 그 결심이 어떻게 진행 중인지 묻자 시어머니는 생각이 좀 바뀌었다며 이렇게 대답했다. "나이 들어 보니 누가 나한테 뭔가를 부탁하는 것 자체만으로도 정말 고마운 거야. 내가 아직은 쓸모 있는 사람이고, 사람들이 날 필요로 한다는 생각이 들었거든. 그래서 쉽게 거절을 못 하겠어. 아무리 나이를 먹어도 내가 늙은이라는 사실은 인정하고 싶지 않아."

더욱이 어렸을 때부터 우리는 거절이 아닌 승낙의 말을 해야 모두의 평화를 유지하고 다른 사람의 필요를 먼저 챙길 수 있다고 배웠다. 또한 우리는 현실적인 가능성을 생각해보지는 않고 '나는 다할 수 있다'라고 생각한다. "나 그거 할 수 있어"라는 말과 "나는 그것을 해야 해"라는 말을 동일한 것으로 여기곤 한다. 승낙의 말을 너무 자주하게 되면 정작 내가 진짜 원하는 일이 있을 때 시간이 없어 놓치는 결과를 초래하고 만다. 따라서 한 가지를 승낙했으면 반드시 다른 하나는 거절하는 태도가 필요하다. 한 가지를 거절함으로써 우리는 다른 한 가지를 승낙할 수 있는 시간과 여유를 확보할 수 있다.

거절이 힘든 또 한 가지 요인은 상대방이 부탁한 시기까지는 꽤 많은 시간이 남았다고 착각하는 데 있다. 그래서 막연히 그때는 시간이 날 거라는 가정 하에 덥석 승낙을 해버린다. 실제로는 전혀 그렇지 않은데 말이다. 당장 다음 달부터 진행될 여러 개의 프로젝트를 승낙한 상태에서 여름에 있을 가족여행을 추진하는 일과, 아이들 학교 기부금 행사 주최까지 떠맡는 이유가 여기에 있다. 그렇다면 불필요한 추측이나 죄책감 없이 어떻게 하면 거절의 의사를 좀 더 쉽게 표현할 수 있을까? 한 가지 방법은 나의 오늘 일정과 이번 주 일정을 확인하고 오늘, 내일, 길게는 다음 달까지 내게 여유 시간이 얼마나 있는지를 확인하는 것이다. 그래서 도저히 시간이 안 날 것 같으면 당연히 거절할 수밖에 없다. 한 달 뒤의 상황이 지금과 크게 달라질 가능성은 거의 없다. 내 책임의 정도는 달라질 수 있지만 일의 강도는 거의 그대로일 가능성이 크다. 따라서 지금 내 상황에서 들어줄 수 없는 부탁을 받을 때는 스스로에게 이렇게 물어보면 된다. '오늘 이 일을 처리할 수 있나?'

거절을 잘 하는 또 한 가지 요령은 거절의 표현을 미리 준비하는 것이다. 스스로 방심한 틈을 타 덥석 승낙하면 안 된다! 크리스틴 카터는 상대방의 기분이 상하지 않도록 거절하는 방법을 미리 익혀두라고 언급한다. 이를테면 이런 식으로 말이다. "제게 요청해주셔서 감사합니다만, 지금 제 상황에서는 도와드리기가 어려울 것 같습니다." 카터는 피터 브레그먼Peter Bregman의 우선순위 원칙을 따르는 것도 대안이 될 수 있다고 언급한다. 이 원칙은 단순하다. 상위 5개의 우선순위에 95퍼센트의 시간을 사용하는 것이다. 카터는 이 방법을 직접 적용해봤다. 핵심은 삶에서 가장 중요한 가치와 목적에 집중하는 것이다. 핵심에 집중하면 나머지 것들은 아주 쉽게 거절할 수 있다.

이렇듯 거절 잘하는 능력도 연습을 통해 얻을 수 있다. 이번에는 조금 다른 이야기를 해보려고 한다. 계속되는 거절이 마음을 힘들게 할 때가 분명 있을 것이다. 그럴 때는 거절 대신 승낙을 했을 때의 의미를 생각해보자. 때로는 승낙의 이유가 오히려 자기 삶의 목적을 더 분명히 해주기도 한다.

몇 주 전 나는 친구의 생일을 맞아 친구들을 우리 집 저녁 식사에 초대했다. 그런데 약속 날짜를 이틀 앞두고 취소하고 싶은 마음이 간절했다. 최소한 연기라도 했으면 했다. 일이 너무 많이 몰렸기 때문이다. 마음이 점점 조급해진 나는 애초에 내가 왜 앞장서 식사 자리를 마련했는지 그 이유를 생각해봤다. 20년이 넘게 함께한 친구들과의 우정을 소중히 여겼기 때문이다. 이미 진작부터 약속이 된 일이었고, 우리 셋은 각자 다른 도시에 살고 있어 자주 만나기도 쉽지 않았다. 나는 스스로에게 물었다. '친구 관계를 원만히 유지하는 것도 내 행복에 중요한 요소가 아닐까?' 이런 식으로 친구들을 내 삶의 목적과 연계해서 생각하자 마음이 한결 편안해졌다. 더불어 친구들과 함께할 시간이 무척 감사하게 느껴졌다.

이번 장에서 나는 '거절의 방법'에 대해 더 많이 이야기했다. 대부분 승낙보다는 거절을 더 힘들어하기 때문이다. 그러나 거절과 승낙 모두를 통해 우리는 배우는 것이 있다. 아무 생각 없이 거절하거나 승낙하지 말고, 나에게 무엇이 소중한지 돌아보는 계기로 삼자. 이를 통해 우리는 자신에게 중요한 것을 더 잘 챙길 수 있게 될 것이다.

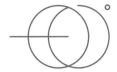

디지털 기기와 조금씩 거리두기

멀티태스킹은 너무 과대평가되고 있다. 많은 사람이 자신은 멀티태스킹에 능하다고 생각한다. 그리고 멀티태스킹을 현대인의 가장 중요한 생존 방법 중 하나라고 여긴다. 하지만 인간은 한 번에 한가지 일에만 집중할 수 있다는 연구 결과가 있다. 멀티태스킹과 관련해 우리 뇌가 작동하는 방식을 한번 살펴보자. 인간은 간헐적으로만 집중할 수 있다. 작업 기억 영역에 한 번에 세 가지 기억을 배치하더라도 우리 뇌는 한 번에 하나씩 처리한다. 우리 마음대로 한꺼번에 처리할 수 없다. 즉, 뇌는 멀티태스킹이 안 된다. 단지 하나의 일을 처리하고 재빨리 다른 일을 처리하는 것일 뿐이다. 1번 일을 하는 와중에 2번 일에 정신을 빼앗기게 되면, 2번을 끝내고 다시 1번을 시작하려 해도 집중력이 현저히 떨어진다. 본래의 집중력을 회복하려면 다시 얼마간의 시간이 소요된다.

신경과학자 아미쉬 자는 인간의 작업 기억을 심리적 화이트보드에 비유한다. 우리가 집중하기로 선택한 정보를 잠시 기록해두는 공간인 셈이다. 과거에 과학자들은 이 작업 기억에 한 번에 7개까지 기록되는 것으로 생각했다. 그러나 지금은 3~5개 정도인 것으로 추정하고 있다. 작업 기억은 사라지는 속도가 무척 빠르다. 이곳에 머무르는 시간은 길어야 30초 정도다. 이 시간이 지나면 아무리 붙잡아두려 애를 써도 우리 기억에서 쉽게 사라져버린다. 잉크가 지워져버리는 것이다! 그래서 기록의 최대치인 3~5개가 채워지고 나면 뇌 안의 화이트보드는 또다시 새로운 기억을 기록한다. 최대치가 갱신되는 시간은 몇 초에 불과하다.

한 번에 여러 가지 일을 하면 어떤 일도 제대로 할 수 없기 때문에 일의 효율성이 떨어진다. 때로는 내가 어떤 일을 했는지 안 했는지조차 기억나지 않는다. 이메일을 보냈다고 생각했는데 알고 보니 안 보낸 적이 있지 않은가? 온종일 이리 뛰고 저리 뛰며 한 번에 여러 가지 일을 할 수밖에 없는 사람이라면 이런 내 말에 다소 맥이 빠질 수 있다. 하지만 내가 말하는 건 온전히 집중해야 하는 일에 국한된다. 별다른 집중력을 요하지 않는 간단한 일들은 얼마든지 한 번에 여러 개씩 처리할 수 있다.

『디지털 미니멀리즘』의 저자 칼 뉴포트Cal Newport는 일의 종류를 무거운 작업과 가벼운 작업으로 나눈다. 무거운 작업은 인지적인 부담이 큰 일로 집중력을 필요로 한다. 반면 가벼운 작업은 이메일을 보내거나 전화를 받는 것처럼 인지적인 부담이 적고 집중 강도도 높지 않다. 이와 관련해 뉴포트는 이렇게 말한다. "사람들은 자신이 한 가지 일에만 집중하고 있다고 생각하지만, 이때도 여전히 5~10분마다 수시로 다른 일의 진행 상황을 확인한다. 그러나 잠깐씩 확인만 하는 이 행동조차 집중력을 떨어뜨려 무거운 작업의 결과에 부정적인 영향을 끼친다." 이와 같이 무거운 작업은 자세를 제대로 갖추고 앉아 온전히 집중할 때만 기대한 효과를 낼 수 있다. 그런데 이 와중에 여러 가지 일을 동시에 하면 집중력을 회복하는 데 또 시간이 소요된다. 집중력이 흐트러지면 중요한 일을 제대로 해낼 수가 없다. 그래서 뉴포트는 이메일 답장 같은 간단한 일도 일정표에 넣어 한 번에 한 가지 일에만 집중하라고 조언한다.

집중력과 시간을 지켜라

24시간 내내 곁을 떠나지 않는 스마트폰은 각종 뉴스와 알림, 광고를 끊임없이 쏟아낸다. 그리고 이들은 마치 경쟁이라도 하듯 나의 제한된 자원을 앗아간다. 바로 시간과 집중력이다. 인간의 창조력은 적응력보다 훨씬 빠르다. 우리는 24시간 계속되는 요구에 적응할 수 있는가? 또 그런 요구를 원하는가? 그렇다면 온라인 세계와 오프라인 세계를 균형 있게 유지하려면 어떻게 해야 할까? 우리는 모바일 기기와 쉽게 떨어지지 못한다. 그 기기는 스마트폰, 아이패드 등 종류를 가리지 않는다. 이들은 마치 자석처럼 우리의 시선을 끌어당겨 귀중한 시간을 다 써버리게 한다. 유감스럽게도 기기 사용에는 별다른 규칙 같은 게 없다. 하지만 우리의 일상에서 자연스레 비형식적 규칙이 만들어진다. 실제 연구 결과 한 사람이 모바일 기기를 확인하면 주변에 있던 다른 사람들도 자신의 기기를 집어 들고 싶은 욕구가 생기는 것으로 나타났다. 직장에서의 마음챙김 수련을 적극 독려하는 구글의 고피 칼라일Gopi Kallayil은 스마트폰을 우리 몸의 207번째 요소라고 일컫는다.

퇴근 이후나 휴가 중에도 직원들과의 온라인 연결성을 중시하는 정도는 회사마다 다르다. 또 같은 회사 내에서도 부서별로 그 정도가 다르다. 이와 관련해 인터뷰를 했던 재키는 내게 이렇게 말했다. "저희 팀장님은 주말에는 이메일을 확인하지 않아도 좋다고 했어요. 하지만 팀장님의 직속 상사인 월터 부장님의 이메일에는 반드시 답장을 해야 한다고 당부했죠." 월터는 퇴근 후에나 주말에도 수시로 이메일을 보내는 것으로 악명이 높다. 게다가 확인 즉시 답장하지 않으면 난리가 난다. 이와 관련한 연구 결과 업무와 업무 이외 시간의 경계를 분명히 하는 것이 직원들의 정신 건강에 좋은 것은 물론 궁극적으로 회사에도 이익인 것으로 나타났다. 다시 말해, 직원들이 회사일과 사생활을 분명히 구분할 수 있는 분위기가 조성되면 업무 참여도가 높아지고 회사와의 관계도 개방된 형태로 발전해 이 것이 결국 회사의 이익으로 돌아가는 선순환 구조가 만들어지는 것 이다.

일본에서는 업무 외 시간에 직원들에게 이메일 보내는 것을 법 적으로 제한하고 있다. 최근 프랑스는 업무 이외의 시간에는 직원들 이 업무 관련 이메일에 답장하지 않아도 회사에서 책임을 묻지 못 하도록 하는 법안을 통과시켰다. 비단 회사에서만이 아니다. 24시간 온라인에 연결된 문화는 학교에서도 문제가 되고 있다. 교육 관계자 들은 학생들의 스마트폰 사용이 점차 느는 것을 몹시 우려하고 있 다. 상당수 미국 학교에서는 스마트폰 사용을 제재하고 있다. 학교 에는 아예 갖고 오지 못하도록 하는 곳도 있고, 가져오는 것은 허용 하되 사용은 금지하고 투명 파우치에 넣어 지닐 수 있도록 하는 곳 도 있다. 투명 파우치 보관 방식은 스마트폰이 옆에 없으면 불안해 하는 아이들을 위해 만든 차선책이다.

칼라일이 만든 이너넷Inner-net이라는 용어는 우리 내면의 기술, 곧 몸과 마음을 의미한다. 이에 대해 칼라일은 이렇게 설명한다. "모든 사람이 매일 써야 하는 가장 중요한 기술은 바로 우리 안에 있다. 뇌 를 사용하고 호흡을 사용하는 것이다." 그러면서 칼라일은 스마트 폰을 비롯한 각종 기기와의 연결을 해제하고 대신 우리 자신에게 연결하라고 말한다. 이를 통해 마음챙김을 실천하고 우리의 몸과 마음에 접속하라는 것이다. 이렇게 하면 우리의 주의를 흐트러트리는 수많은 방해물을 훨씬 효과적으로 관리할 수 있다. 인터넷의 세계는 무한하고, 우리는 그 속에서 끝없이 탐험할 수 있다. 하지만 인터넷 세상 안에 있다 보면 늘 뭔가 부족하고 계속 좇아야 할 것 같은 생각이 든다. 마음챙김이 우선되지 않으면 그 굴레에 갇혀 좀처럼 빠져나올 수가 없다.

모바일 기기를 언제, 어떻게 사용할 것인지 규정하는 것은 페이싱을 실천하는 첫걸음이다. 이를 통해 우리는 집중력과 시간이라는 제한된 자원을 보호하는 것은 물론 결과적으로 심신의 안녕을 도모할 수 있다. 약 70퍼센트의 사람이 휴대폰을 손에 쥔 채 잠이 든다. 그러나 몸과 마음의 건강을 위해서는 머리맡에 놔둔 휴대폰부터 치워야 한다. 실제로 이것은 과학적으로도 증명된 바 있다. 대표적인 스트레스 호르몬인 코티솔은 하루 중 잠에서 깬 이후 15분 동안 가장 많이 분비된다. 이때 나온 최대량이 나머지 하루 동안 분비되는 코티솔 양을 결정한다. 그런데 눈을 뜨자마자 스마트폰부터 켜고 각종 뉴스와 메시지를 확인하면 코티솔 분비량은 높아질 수밖에 없다. 내 친구 하나는 매일 아침 기상 직후 15분 동안 주식 거래를 한다. 코티솔 분비량이 얼마나 높을지 상상이 되는가! 하지만 스마트폰을 집어 드는 대신 마음의 안식을 주는 방법으로 기상을 하면 텔로머라아제의 수치가 높아지고, 이는 결국 건강과 장수에도 좋은 영향을 끼친다. 허핑턴포스트 그룹의 회장 아리아나 허핑턴Ariana Huffington은 매일 아침 각종 기기는 잠시 꺼둔 채 여유로운 아침을 맞는다. 호흡을 통해 마음을 차분하게 하면서 그날 하루의 목적과 의미를 되새긴다.

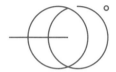

꼭 삶의 균형을 맞춰야 할까?

동네에 릴리라는 열세 살짜리 여자아이가 산다. 몇 해 전 릴리의 4학년 수업을 참관할 기회가 있었다. 그때 선생님이 아이들에게 이런 질문을 했다. "지금 우리 앞에는 어떤 돌이 있을까? 조약돌일까? 바윗돌일까? 아니면 거대한 암벽일까?" 선생님은 어떤 문제를 해결하기에 앞서 그 문제의 속성과 크기를 제대로 파악하는 것이 중요하다고 이야기했다. 나는 그 말이 페이싱과도 깊은 연관이 있다고 생각했다. 솔직히 말하면 나는 모든 일에 똑같이 집중하는 경향이 있다. 어떤 문제의 크기와 중요도에 상관없이 무조건 전속력으로 질주하는 것이다. 아마 당신에게도 비슷한 경험이 있을 것이다. 해야 할 일이 많을 때는 어떻게든 하나라도 빨리 처리하고 싶은 마음이 들기 때문일 것이다.

그래서 나는 '힘 조절'을 하기로 결심했다. 모든 일에 무조건 전력을 다해 집중하기보다 일의 성격과 종류에 따라 어느 정도의 시간과 집중력이 얼마나 필요한지 따져보는 것이다. 새로운 일을 시작하게 되면 스스로에게 이런 식으로 물어본다. '나의 지적 능력과 에너지가 어느 정도 필요한 일인가?' 이런 과정을 만들게 된 데는 릴리의 선생님이 말한 조약돌과 바위, 암벽을 구분하라는 메시지가 무척 도움이 됐다. 그러면서 프로젝트를 시작할 땐 어느 정도의 집중력과 에너지로 임해야 하는지도 묻곤 한다. 최소한의 역량을 투입할지, 혹은 중간 정도의 역량만 투입하면 되는지, 아니면 최대치의 역량을 발휘해야 하는지 판별하는 것이다. 물론 일의 시급성도 고려해야 한다.

한 가지 깨달은 사실이 있다. 우선순위에 밀려 잠시 미뤄뒀던 일들은 어느 정도 시간이 지나 확인해보면 생각보다 훨씬 덜 중요한 경우가 많았다. 심지어 시간이 지나자 일 처리가 필요 없게 된 경우도 있었다! 다음의 표는 일의 경중을 판단할 때 필요한 페이싱 로드맵이다.

페이싱 로드맵

질문	답변
해결해야 할 일이 조약돌인가, 바위인가, 암벽인가?	문제 해결을 위해서는 어떤 자원이 투입돼야 하는가?
마감 시한은 언제인가?	지금 내 상황에서 마감일을 지킬 수 있는가?
어느 정도의 시간이 필요한가?	현실적으로 투입 가능한 시간을 계산해보자. 너무 완벽하게 해결하려고 애쓸 필요는 없다.
다른 사람에게도 영향을 미치는가?	내가 지금 당장 하지 않으면 다른 사람이 기다려야 하는가?

반드시 기억할 것: 나의 페이스를 고려해 시간을 할애하자.

균형은 잊으라

우리는 바쁘고 복잡한 현대인의 삶을 현명하게 사는 방법으로 '삶의 균형을 맞추라'고 이야기하곤 한다. 그러나 삶의 균형을 유지하며 살아가는 사람이 얼마나 될까? 모두가 균형이라는 불가능한 신기루를 좇으며 지쳐가고 있는 것은 아닐까?

자신의 일과를 돌이켜보며 삶의 목적과 부합하는 하루를 보냈는지 생각할 때 만족감을 느끼는 사람은 많지 않을 것이다. 그런데 시간의 프레임을 확대해서 바라보면, 우리가 삶의 다양한 목적을 추구하며 살아가고 있음을 깨닫게 된다. 예를 들어, 주 단위보다는 월 단위를 기준으로 생각했을 때 목적을 달성하기 위한 지금의 노력을 좀 더 장기적인 관점에서 가치 있게 여길 수 있다.

앞에 등장했던 신문사 출신 스테이시는 이렇게 말한다. "회사에서 중요한 일을 망치고 야근까지 하는 바람에 아이들과 저녁을 같이 못 먹게 되면 그날은 빵점 엄마가 된 것 같은 생각이 들죠. 하지만 다음 날 어제 일을 해결하고 일찌감치 퇴근해 아이들과 함께 시간을 보내면 그날은 또 백점 엄마가 된 것 같아요." 하루하루의 일과에 지나치게 매몰되지 말고 멀찍이 한발 물러나 들여다보면 내게 주어진 다양한 역할을 훨씬 효과적으로 해낼 수 있다는 것이다.

컨설턴트이자 두 아이의 엄마인 섀넌도 마찬가지다. 섀넌 역시 스테이시와 비슷한 관점으로 균형을 해석했다. "저는 균형이라는 단어를 더 이상 쓰지 않아요. 삶은 그저 선택의 문제일 뿐이죠. 따라서 중요한 건 내게 주어진 다양한 역할을 적절하게 조정하는 거예요. 예를 들어, 회사 일로 출장을 가면 그땐 죽어라 일만 하죠. 일하는 동안은 균형 같은 건 생각하지 않고 다만 이렇게 생각해요. 출장은 내가 선택한 거야. 다음 주에는 시간이 많으니 아이들과 시간을 보내면 돼. 요컨대 저는 일 단위로 계산하지 않아요. 보통 주 단위나 월 단위로 계산하죠. 설령 일 단위로 계산한다고 해도 하루 일과에 대해 스스로 충분히 납득할 수 있으면 기꺼이 받아들이는 편이예요."

자, 이제 우리도 이런 식으로 한번 생각해보자. 그날의 일과를 돌이켜볼 때 '삶의 보다 큰 목적을 이루는 데 부합하는 일이었는가?'라는 관점에서 바라보는 것이다. 이제는 나의 시각을 일 단위가 아닌 주 단위, 월 단위로 삶을 바라보도록 확장해보자. 그리고 이전과 차이가 느껴지는지 살펴보자.

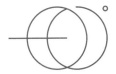

노년의 삶은 당신의 상상보다 훨씬 즐겁다

나이로는 나 자신을 규정할 수 없다. 최근에 이혼을 하고 인터뷰에 응했던 서른한 살의 여성은 내게 이렇게 말했다. "서른한 살, 아직 너무나 젊죠. 하지만 이혼하기 전 스물여덟의 저는 지금보다 훨씬 불행했어요. 나이도 더 든 것처럼 느껴졌고요." 또 다른 여성도 비슷하게 말했다. "스물아홉에는 무척 젊다고 생각했죠. 하지만 서른이 되자 온갖 압박이 밀려들었어요." 40대 여성들은 이렇게 말했다. "20~30대를 지나온 지금이 무척 행복하게 느껴져요!" 이와 함께 서른아홉의 한 여성은 나이에 대한 자신의 생각을 이렇게 밝혔다. "마흔을 코앞에 둔 지금이 정말 좋아요. 이제 더 이상 30대가 아니니까요! 아주 기꺼운 마음으로 40대를 맞이할 거예요. 내 경력이 어떤 식으로 흘러갈지, 결혼은 할 수 있을지, 아이는 가질 수 있을지, 어디에서 살아야 할지 등 수없이 많은 것을 고민하고 걱정하던 30대는 지나갔어요. 이제 한결 마음이 편하답니다." 이 외에도 다양한 연령대의 여성들을 인터뷰했는데, 그중에는 50대임에도 직업인으로서 자신의 경력이 끝났다고 생각하는 사람들이 있었는가 하면 60대에 새로운 분야에서 이제 막 일을 시작한 경우도 있었다. 또 젊었을 때는 70대가 되면 시간이 한결 천천히 흘러갈 거라고 생각했지만 전혀 그렇지 않다고 말한 여성이 있었고, 노인대학에 등록하기에는 아직 너무 젊다고 생각한 80대 할머니도 있었다.

생일이 되면 으레 인생이 한낱 덧없고 부질없다는 생각을 한다. 특히 나이 앞자리가 바뀔 때면 그런 생각이 더 강하게 든다. 수개월 전부터 기대하고 생일을 맞을 수도 있지만 그런 마음 한구석에는 슬쩍 우울한 마음도 든다. 그런데 페이싱의 관점에서 보면 생일은 우리의 삶을 되돌아보고 이런 질문을 하는 계기가 된다. '지금 내 삶은 어떤 챕터에 놓여 있는가?' '지금 당장 시작하려고 준비했지만, 좀 더 긴 시야에서 내 삶을 바라봤을 때 다소 천천히 시작해도 괜찮은 일이 있는가?' 물론 페이싱에 관한 질문은 삶의 목적과 관계된 질문을 반드시 포함한다. 이를테면 이런 것들이다. '지금 내게 가장 중요한 것은 무엇인가?' '삶의 목적과 부합하는 삶을 살고 있는가?'

콜로라도주에 사는 스테파니는 최근에 물리치료사 일을 시작했다. 남편은 안정적인 석유 회사에 근무하고 있다. 그런 그녀는 몇 해 전 꿈에 그리던 첫 집을 장만했다. 세 명의 아이와 함께할 보금자리였다. 하지만 너무 많은 빚을 지고 구입한 탓에 경제적으로 힘든 상황이 이어졌다. 스테파니 부부는 빚을 더 이상 감당하지 못하고 결국 집을 내놓고 다른 집을 알아봤다. 결국 스테파니의 마흔 번째 생일 날, 집을 팔고 이사를 했다. 처음에 어떤 생각으로 집을 샀는지 묻자 스테파니는 이렇게 대답했다. "마흔이 되는 걸 무척 고대했어요. 그 나이쯤이면 내 집 마련을 해서 어른의 두 번째 단계로 넘어가야 한다고 생각했죠." 우리도 스테파니처럼 특정 나이나 단계에 이정표를 붙여두곤 한다. 그러나 이보다 중요한 것은 마음챙김을 지속적으로 실천하면서 삶의 목적과 피보팅, 페이싱과 관련된 질문을 끊임없이 하는 것이다. 물론 그 질문을 굳이 생일에 할 필요는 없다!

이제 곧 60대가 되는 이들에게 한 가지 희소식이 있다. 앞서 우리는 부정적 편향에 대해 살펴보았다. 같은 강도라고 해도 부정적인 생각이나 감정이 중립적, 혹은 긍정적인 생각이나 감정보다 우리의 심리 상태나 더 큰 영향을 미친다는 것이다. 그러나 연구 결과 60대에 근접하거나 그 이상이 되면 우리 뇌는 이전보다 훨씬 더 행복감을 느끼게 된다. 나이가 많을수록 전체적인 삶의 만족도나 행복감은 높아지는 반면 불안이나 우울, 스트레스 지수는 낮아진다는 것이다. 요컨대 나이가 들수록 정신 건강은 점차 개선된다.

중년의 위기는 없다

심리학자 로라 카스텐슨Laura Carstensen에 따르면, 인간의 행복지수는 60대 후반에서 70대 초반에 가장 높게 나타난다. 또 나이가 들수록 긍정의 효과를 더 크게 경험한다. 무작정 전진하는 삶에서 벗어나 발걸음을 멈추고 주변의 것들, 특히 사람 간의 관계나 내게 주어진 현실을 소중하게 여긴다는 것이다. 청년층과 달리 중년이나 노년에 접어들면 어려운 일이 닥쳐도 비교적 쉽게 극복하고, 지금 내게 가장 중요한 것이 무엇인가에 집중하며 주어진 현실에 최선을 다한다. 이에 대해 카스텐슨은 이렇게 설명한다. "노년기에 접어들면 사람들은 더 이상 목표를 달성하고 삶의 반경을 넓히는 데 집중하지 않는다. 사람 간의 관계를 소중히 하고 좀 더 가치 있는 활동을 하는데 주력한다. 정서적으로 의미 있는 일에 집중할 때 삶은 훨씬 더 풍성해지고 발전한다. 또 부정적인 감정이 생겨나는 횟수도 점차 줄고, 그런 감정이 올라왔다가도 금세 사라진다."

흔히들 '중년의 위기'라는 말을 하는데 이에 대한 확실한 증거는 없다. 수명에 대한 각종 연구 결과를 보면 중년 이후의 삶은 위기보다는 회복에 더 가까운 것으로 나타났다. 핸들을 잠시 멈추거나 기어를 바꾸는 것이다(이 부분은 4장에서 살펴봤다). 그러나 영원히 멈추는 것은 아니기에 결코 위기로 볼 수 없다. 중년의 삶은 무척 새롭고 설렌다. 과거의 많은 경험을 바탕으로 새로운 꿈을 꿀 수 있기 때문이다. 이 시기는 삶의 아주 특별한 페이지다. 이에 대해 기자인 바버라 헤거티Barbara Hagerty는 이렇게 말한다. "40대부터 50대, 60대는 어떻게 보면 인생에서 가장 이해가 안 되는 시기인 동시에 가장 중요한 시기다. 중년의 시기를 단순히 교차로로 생각해선 안 된다." 이와 함께 헤거티는 각종 사고나 질병, 이혼, 부모님의 죽음, 자녀의 대학 입학과 같은 인생의 큰 사건은 모두 '중년의 위기'와 맞물려 회자되는데, 사실 이런 일은 비단 중년뿐 아니라 어느 때고 일어날 수 있는 일이라고 지적한다. 조사 결과를 보면 직업이나 가족의 큰 변화는 마흔 살 전에 주로 발생한다.

요컨대 중년의 위기는 실제로 존재하지 않을 뿐 아니라 중년을 향해갈수록 오히려 회복력이 커진다. 이 부분은 중년의 시기에 인생의 여러 가지 변화가 한꺼번에 몰려올 수 있다는 점에서 매우 중요하다. 이에 대해 헤거티는 이렇게 설명한다. "마흔 이후에는 부모나 배우자를 잃을 가능성이 커지고, 쉰이 지나면 암에 걸릴 가능성이 높다. 이후 예순이 지나면 대부분 직장에서 물러난다." 앞서 우리는 회복력을 키우는 것에 대해 살펴보았다. 그런데 나이가 들면 회복력은 자연히 커진다. 이에 관해 신경과학자 리처드 데이비슨은 이렇게 설명한다. "나이가 들었다는 건 수많은 경험을 거쳤다는 뜻이다. 따라서 그 경험을 바탕으로 이런저런 감정도 훨씬 능숙하게 조절한다. 이들은 살면서 겪는 각종 문제와 어려움이 전부가 아님을 안다. 그럼에도 불구하고 삶은 계속된다는 것을 안다."

단순히 숫자상의 나이보다는 실질적인 건강이 훨씬 더 중요하다. 여기에는 누구나 동의할 것이다. 나이와 관계없이 대부분의 사람은 스스로 젊다고 느낀다. 하지만 건강에 위기가 닥치거나 소중한 사람을 떠나보내고 나면 비로소 자신이 그리 젊지 않다는 것을 깨닫는다. 메리 파이퍼는 저서 『나는 내 나이가 참 좋다』에서 이렇게 설명한다. "인생의 새로운 단계로 넘어가면 이전에 적용했던 전략이 더 이상 유효하지 않게 된다. 흘러가버린 젊음을 그리워하며 낙담하면 더 이상 앞으로 나아갈 수 없다. 세상을 더 넓게 바라봐야 한다. 새로운 것에 눈을 돌려야 한다. 기존의 역할은 떠나보내고 새로운 역할을 받아들이며 상실과 획득의 균형을 맞춰야 한다." 이전까지 나에게 유용했던 전략이 더 이상은 쓸모없어질 수도 있다는 깨달음. 정말이지 중년의 성숙한 삶은 이 깨달음에서부터 시작된다고 해도 과언이 아니다. 나는 그 깨달음 위에서만 새로운 역할을 기쁘게 받아들일 수 있을 것임을 믿는다.

마음챙김을 위해 기억할 20가지

- 사람의 머릿속은 늘 생각으로 가득 차 있다. 누구나 마찬가지다. 이때 중요한 것은 지금 이 순간으로 나의 집중력을 쏟는 것이다. 가능한 한 매번 이런 식으로 노력하는 게 좋다.
- 아무 때고 한두 번의 호흡만으로도 지금 이 순간에 집중할 수 있다. 중요하지 않은 순간은 단 한 순간도 없다.
- 우리는 다른 사람을 변화시킬 수도, 세상을 변화시킬 수도 없다. 그러나 다른 사람과의 관계, 각종 세상일과 나의 관계는 변화시킬 수 있다. 그것이 바로 마음챙김이 지닌 변화의 힘이다.
- 감정은 우리가 억지로 눌러 담거나 붙들지 않는 이상 자연스레 왔다가 간다.
- 스트레스 자체는 나쁘지 않다. 우리가 스트레스를 어떻게 생각하느냐가 더 중요하다.
- 우리의 생각은 사실일 수도, 그렇지 않을 수도 있다.
- 마음챙김을 많이 실천할수록 더 많은 선택지를 갖는다.
- 마음챙김은 만병통치약이 아니다. 그러나 마음챙김은 우리 삶의 작지만 강력하고 오래 지속되는 변화를 위한 토대를 형성한다.
- 삶의 목적을 발견하는 것은 마음챙김과 함께 출발한다. 목적은 삶의 방향과 의미를 제공한다. 목적은 우리에게 중요한 것으로부터 생겨나며 인생 전반에 큰 영향을 미친다.
- 목적을 갖는 것은 결코 사치가 아니다. 삶의 목적은 누구나, 언제든지 가질 수 있으며 개인의 안녕을 위해 반드시 필요하다.
- 우리 삶은 늘 복잡하다. 매일이 낙담과 어려움의 연속이다. 하지만 뚜렷한 목적을 갖고 있으면 삶의 어려운 시기를 충분히 헤쳐나갈 수 있다.

- 목적은 열정과 분리될 수 있다. 열정적으로 살지는 못하더라도 목적 있는 삶을 살 수는 있다.
- 피보팅은 마음챙김에서부터 출발한다. 지금 내가 무엇을 경험하고 있는지, 내게 무엇이 중요한지 깨닫고 나면 내 삶에 변화가 필요한 시점인지를 정확히 알 수 있다.
- 인간은 변화를 거부하고 불확실한 미래를 기피한다. 그러나 선제적 피보팅은 반드시 필요하며 이를 통해 삶의 선택지를 더 많이 가질 수 있다.
- 우리가 가진 자원은 피보팅의 전과 후, 그리고 진행 과정에서 든든한 지원군이 된다.
- 완벽한 의사 결정이란 없다. 그저 스스로의 선택일 뿐이다.
- 페이싱도 마음챙김으로부터 시작된다. 깨끗하고 열린 마음을 갖는 것만으로도 우선순위를 명확히 파악할 수 있게 되어 각자의 페이스를 조절할 수 있다.
- 대부분의 사람은 자신이 멀티태스킹에 능하다고 생각하지만 실제로 우리 뇌는 그렇지 않다. 그저 여러 가지 일 사이를 재빨리 오갈 뿐이다. 2번 일을 하다 1번 일로 다시 돌아오면 온전히 집중하기까지 또다시 몇 분의 시간이 소요된다.
- 전환기의 휴식은 시간 낭비가 아니다. 몸과 마음을 회복하는 데 꼭 필요한 시간이다.
- 오늘날 우리는 디지털 기기에 지나치게 시간을 쓴다. 각종 뉴스와 정보가 쉴 새 없이 밀려든다. 이 같은 기기 사용은 페이싱을 통해 적절히 조절해야 한다. 모든 것에 대응할 필요는 없다.

감사의 말

이 책은 40여 년 전 일본에서 마음챙김 수련에 첫발을 내딛은 것을 시작으로 수십 년간 마인드사이트 인스티튜트에서 활동한 내용을 바탕으로 집필하였다. 우선 펭귄 랜덤 하우스 산하 타처페리지의 사라 카더 편집장님에게 감사의 말씀을 전한다. 내가 책을 쓸 만한 여건이 될 때까지 오랜 시간 나를 믿고 기다려주셨다. 20년 차 경력자인 편집장님의 탁월한 감각은 놀라웠다. 편집장님의 끊임없는 사랑과 격려로 마침내 첫 책을 발간할 수 있었다. 편집 과정을 처음부터 끝까지 함께하며 내 모든 질문에 정성껏 답해주고 일정 관리까지 꼼꼼하게 진행해준 레이첼 아요테에게도 감사의 마음을 전한다. 이와 함께 출판 담당 메건 뉴먼, 생산 담당 앤 챈, 제작 담당 클레어 와인코프, 디자이너 엘케 시걸과 제스 모퓨, 마케터 케이시 말로니, 파린 슬루셀, 사라 존슨, 칼라 이안노니에게도 깊은 감사를 표하고 싶다.

모든 과정을 함께하며 문장과 단어 선택에 도움을 준 조엘 델부르고에게도 감사한다. 특유의 차분하면서도 긍정적인 태도로 큰 도움을 주었다. 엘리사 에펠에게도 깊은 감사를 표하고 싶다. 에펠은 내게 이따금 슬럼프가 찾아올 때마다 찾을 수 있는 안식처가 돼주었다. 돌이켜보니 그 시간 덕분에 무사히 집필을 끝낼 수 있었다. 어느 화창한 일요일 집 근처 커피숍에서 주제와 방향에 대한 조언을 아끼지 않고 해준 사랑하는 사촌동생 캐서린 에스코비츠에게도 감사의 말을 전한다. 또 엉망이었던 초안을 보고도 용기를 북돋으며 칭찬을 아끼지 않은 다이앤 애커먼에게도 이 자리를 빌려 고마운 마음을 표한다.

글을 쓰지 않는 것도 글을 쓰는 것이라는 깨닫게 해준 수전 카이서 그린랜드 역시 빼놓을 수 없다. 사실 그 말이 처음에는 무슨 뜻인지 잘 와닿지 않았지만, 휴식을 통해 머릿속에 떠다니는 아이디어를 충분히 숙성시키는 것도 하나의 집필 과정임을 깨닫게 되었다. 집필 업무와 다른 일의 균형을 잘 유지할 수 있도록 아낌없이 조언해준 케이트 캡셔에게도 진심 어린 감사를 전한다. 케이트의 조언이 아니었다면 나는 아직도 책을 쓰고 있을 것이다.

책에 언급된 여러 가지 과학적 증거 찾기에 도움을 준 학생들과 동료들에게도 깊은 감사를 표하고 싶다. 대학원생 탈리아 보겔, 토론토대학교에서 마음챙김을 연구하는 엘리 웨이스바움 등은 모두 집필 단계별 초안을 검토하며 프레젠스와 삶의 목적에 대한 정확한 이해에 큰 도움을 주었다.

이 외에도 마음챙김 관련 연구진, 강사, 시인들이 집필 과정에 훌륭한 영감과 인사이트를 주었다. 그들의 조언 하나하나가 모두 이 책에 스며들어 있다. 그중에서도 특별히 타라 브랙, 시몬 험프리, 크리스틴 네프, 샤론 샐즈버그, 진델 시걸, 댄 시겔, 시그니 시몬, 존 티스데일, 마크 윌리엄스에게 깊은 감사를 전한다.

내가 인터뷰했던 100명의 여성들 또한 결코 빼놓을 수 없다. 마음챙김과 삶의 목적, 피보팅, 페이싱에 관한 자신의 이야기를 아주 솔직하게 들려준 분들에게 진심으로 감사의 마음을 전하고 싶다. 선뜻 내보이기 힘든 약점까지도 기꺼이 내보여준 덕분에 큰 지혜를 얻을 수 있었다. 책에는 대부분 익명으로 표기했지만 자신의 이름까지 사용할 것을 허락해준 이들에게 특별히 감사의 말을 전한다. 인터뷰에서 나온 모든 이야기를 책에 담지는 못했지만 그들이 전해준 영감은 이 책의 바탕이 되었다.

책을 쓴다는 건 홀로 하는 외로움 싸움이다. 그러나 지난 5년간 다양한 기관에 속한 연구원 및 학생들과 자유롭게 의견을 주고받으며 마음챙김에 대한 내 시야를 확장할 수 있었다. 그중에서도 특히 싱가포르 브람센터 연구원들과 주기적으로 만나 마음챙김의 각종 효과에 대해 논의했다. 포르투갈코임브라대학교 산하 신경심리학 및 인지행동중재 연구소에서도 많은 도움을 받았다. 이와 함께 이탈리아 심바 프로그램, 호주 퍼스에서 주최한 유아 학습 및 발달 컨퍼런스, 워싱턴 D.C.에서 매년 주최하는 마음챙김 리더십 서밋과 더불어 정신치료 컨퍼런스에도 참석해 좋은 의견을 나누었으며 캘리포니아 스콧츠 밸리 소재의 1440 멀티버시티 연구소의 도움도 받았다.

주변 사람들에게도 여러 가지로 크게 도움을 받았다. 직장 동료들, 학생들, 가족들, 친구들, 시인 등 예술가들, 그래픽 디자이너, 독서모임 회원들까지. 책 제목과 표지 선정에 즉석에서 아이디어를 내며 많은 도움을 주었다. 이분들에게도 감사의 말씀을 전한다. 이와 함께 이메일 설문조사에 시간을 내준 분들에게도 깊은 감사를 표한다. 또한 멋진 작업실을 기꺼이 내준 조니와 스캇 크린스에게 특별히 감사를 전하고 싶다. 캘리포니아 숲길에 위치한 1440 멀티버시티는 창작 활동에 더없이 훌륭한 장소였다. 신디 와인바움 역시 작업할 수 있는 공간을 흔쾌히 빌려주었다. 진심으로 감사의 마음을 전한다.

원고에 이런저런 코멘트를 아끼지 않은 젠 블레어, 캐서린 에스코비츠, 로라 허버, 마들렌 시겔에게도 진심으로 감사 인사를 전하고 싶다. 이들은 솔직하면서도 예리하게, 전체를 아우르며 꼭 필요한 코멘트를 해주었다. 덕분에 문장 하나하나를 꼼꼼하게 완성해가며 책의 전체적인 구조와 방향을 다시 세울 수 있었다. 내 초안을 보며 다양한 관점에서 이런저런 조언을 아끼지 않은 데브라 크로우, 제니 로랜트, 디나 마르골린, 수 시겔, 제니퍼 타웁, 알타 셍에게도 깊은 감사를 전한다.

마인드사이트 인스티튜트의 우리 팀원들 또한 책 출간에 많은 기여를 했다. 카일라 뉴커머는 지난 2년간 누구보다 성실히 일했다. 원고 수정에 핵심적인 역할을 해준 피비 키크호퍼, 정확한 판단과 기준으로 최종본 원고 수정과 편집을 맡아준 크리스티 모렐리, 인용구와 각종 참고 내용을 꼼꼼하게 확인해준 알렉산드라 오브라이언에게도 진심으로 감사의 인사를 전하고 싶다. 이와 함께 출간 단계의 전 과정에서 많은 도움을 준 안드리아나 코플랜드, 제인 데일리, 앤드류 슐만, 아쉬시 소니, 프라시킬라 베가에게 역시 깊이 감사한다.

이와 함께 이 책은 내 소중한 가족들의 사랑과 배려가 아니었다면 세상에 나오지 못했을 것이다. 늘 엄마에게 용기를 주고 제목 결정과 표지 디자인에도 직업 참여해준 아들 알렉산더, 초안을 몇 번이고 다시 봐주며 끊임없이 아이디어를 공유해준 딸 마들렌, 두 아이가 정말 큰 힘이 돼주었다. 특히 고민의 순간마다 "엄마, 이거 참 좋은데요!"라며 용기를 북돋아준 딸아이의 응원은 내가 집필을 이어갈 수 있었던 가장 큰 동력이었다. 그리고 내 인생의 동반자이자 동료인 남편 댄 시겔. 시겔이 최신 신경과학 자료를 늘 검색하고 찾아준 덕분에 정확하고 알기 쉬운 내용으로 관련 내용을 적절히 인용할 수 있었다. 내가 남편에게 뭔가 질문했을 때 이런 대화가 오가면 십중팔구 토론이 길어진다는 신호였다. "당신 의견도 아주 흥미로운걸? 그런 식으로도 생각할 수 있겠군. 그런데 나한테는 내 주장을 뒷받침하는 근거 자료가 6개나 있다고!" 그럼 나는 (때로 심각하게)

이렇게 대답한다. "겨우 6개?"

　　마지막으로 지금 이 책을 읽고 있는 독자들에게도 감사의 말씀을 전하고 싶다. 부디 이 책이 마음챙김 입문서로서 여러분의 행복 수준을 한 단계 높이는 역할을 하게 되길 바란다.

참고문헌

1장

"우리는 완벽해질 필요가 없다.": Mary Pipher, "Flourishing as We Age," keynote address at "Therapy in a Challenging World," Psychotherapy Networker Symposium, Washington, D.C., March 22, 2019.

일상에서 흔히 하는 말: Susan David, Emotional Agility: Get Unstuck, Embrace Change, and Thrive in Work and Life (New York: Avery, 2015), 20.

마크 트웨인의 언급: Fred Shapiro, "You Can Quote Them," Yale Alumni Magazine, September/October 2011, yalealumnimagazine.com/articles/3269-you-can-quote-them.

카밧진을 언급한 문구: Kabat-Zinn, Mindfulness for Beginners, 17.

마음챙김 강사 수전 바우어우: Susan Bauer-Wu, Leaves Falling Gently: Living Fully with Serious and Life-Limiting Illness Through Mindfulness, Compassion, and Connectedness (Oakland, CA: New Harbinger, 2011), 5.

심리학자 매튜 킬링스워스, 다니엘 길버트의 연구: M. A. Killingsworth and D. T. Gilbert, "A Wandering Mind Is an Unhappy Mind," Science 330, no. 6006 (2010): 932.

이들 특징 수립에 바탕이 된 연구: John Teasdale, Mark Williams, and Zindel Segal, The Mindful Way Workbook: An 8-Week Program to Free Yourself from Depression and Emotional Distress (New York: Guilford Press, 2014), 22–25.

티스데일, 윌리엄스, 시걸의 설명: Teasdale et al., Mindful Way Workbook, 65.

브레네 브라운이 언급한 내용: Brené Brown, Live Talks Los Angeles, March 24,

2017.

적극성과 호기심으로 각종 도전을 탐색하기: Juliana G. Breines and Serena Chen, "Self-Compassion Increases Self-Improvement Motivation," Personality and Social Psychology Bulletin 38, no. 9 (2012): 1,133–1,143.

누구나 혐오를 경험한다: Elizabeth Blackburn and Elissa Epel, The Telomere Effect: A Revolutionary Approach to Living Younger, Healthier, Longer (New York: Grand Central, 2017), 149.

심리학자 샤우나 샤피로: Dr. Shauna Shapiro, Mindfulness/Heartfulness, "Mind, Consciousness, and the Cultivation of Well-Being," Interpersonal Neurobiology Conference, UCLA, Los Angeles, California, March 3–5, 2017.

작가 바이런 케이티가 수강생들에게 독려하는 말: Byron Katie and Stephen Mitchell, A Thousand Names for Joy: Living in Harmony with the Way Things Are (New York: Three Rivers Press, 2008), x.

연구원 수전 스몰리와 마음챙김 강사 다이애나 윈스턴: Susan Smalley and Diana Winston, Fully Present: The Science, Art, and Practice of Mindfulness (Boston: Da Capo Lifelong Books, 2010), 185–186.

명상 지도자 샤론 샐즈버그가 언급한 말: Sharon Salzberg, interview with the author, January 18, 2018.

마음챙김 효과의 기초가 되는 과학적 사실: Daniel Goleman and Richard J. Davidson, Altered Traits: Science Reveals How Meditation Changes Your Mind, Brain, and Body (New York: Avery, 2017), 14, 77.

우리 뇌의 신비한 능력: Maddalena Boccia, Laura Piccardi, and Paola Guariglia, "The Meditative Mind: A Comprehensive Meta-Analysis of MRI Studies," BioMed Research International (2015), http://dx.doi.org/10.1155/2015/419808.

집중력에 대한 논리: Daniel Siegel, Aware: The Science and Practice of Presence— The Groundbreaking Meditation Practice (New York: TarcherPerigee, 2018), 19.

골드먼과 데이비슨이 지적한 내용: Goleman and Davidson, Altered Traits, 17.

신경과학자 저드슨 브루어가 지적한 기능: Judson Brewer, The Craving Mind: From Cigarettes to Smartphones to Love— Why We Get Hooked and How We Can

Break Bad Habits (New Haven, CT: Yale University Press, 2017), 100.

크리스틴 네프가 정립한 3가지 핵심 요소: Filip Raes, Elizabeth Pommier, Kristin D. Neff, and Dinska Van Gucht, "Construction and Factorial Validation of a Short Form of the Self-Compassion Scale," Clinical Psychology and Psychotherapy 18, no. 3 (2011): 250–255; Kristin D. Neff and Katie A. Dahm, "Self-Compassion: What It Is, What It Does, and How It Relates to Mindfulness," in Mindfulness and Self-Regulation, eds. Brian D. Ostafin, Michael D. Robinson, and Brian P. Meier (New York: Springer, 2015), 121–137; Kristin Neff, "Self-Compassion: An Alternative Conceptualization of a Healthy Attitude Toward Oneself," Self and Identity 2: 85–101.

네프가 경험한 자기 자비의 힘: Kristin Neff, Interpersonal Neurobiology Conference, UCLA, Los Angeles, California, March 17–19, 2017.

자기 자비는 나 자신을 친절하게 대하는 것: Neff, Interpersonal Neurobiology Conference, UCLA, Los Angeles, California, March 17–19, 2017.

80퍼센트의 연구 결과가 보여주는 것: Karen Bluth, "How to Help Teens Become More Self-Compassionate," Greater Good Magazine, October 19, 2017, https://greatergood.berkeley.edu/article/item/how_to_help_teens_become_more_self_compassionate.

자기 자비의 효과: Amy L. Finlay-Jones, Clare S. Rees, and Robert T. Kane, "Self-Compassion, Emotion Regulation and Stress Among Australian Psychologists: Testing an Emotion Regulation Model of Self-Compassion Using Structural Equation Modeling," PLOS One 10, no. 7 (July 2015): e0133481.

네프가 언급한 자기 자비의 효과: Kristin Neff, "Mind, Consciousness, and the Cultivation of Well-Being," Interpersonal Neurobiology Conference, UCLA, Los Angeles, California, March 8, 2017.

이혼한 부부에 대한 연구 결과: David A. Sbarra, Hillary L. Smith, and Matthias R. Mehl, "When Leaving Your Ex, Love Yourself: Observational Ratings of Self-Compassion Predict the Course of Emotional Recovery Following Marital Separation," Psychological Science 23, no.3 (August 2011): 261–269.

참전 용사들에 대한 연구 결과: Regina Hiraoka, Eric C. Meyer, Nathan A. Kimbrel, Bryann B. DeBeer, Suzy Bird Gulliver, and Sandra B. Morissette, "Self-Compassion as a Prospective Predictor of PTSD Symptom Severity Among Trauma-Exposed U.S. Iraq and Afghanistan War Veterans," Journal of Traumatic Stress 28, no. 2 (April 2015): 127–133.

자기 자비 관련 내용: https:// self-compassion.org/wp-content/uploads/2015/02/ ShortSCS.pdf

브루어가 명명한 우리 뇌의 기능: Judson Brewer and Tara Healey, "How the Science and Practice of Awareness Supports Well-Being and Performance," workshop at the Mindful Life Conference, Arlington, Virginia, April 28, 2016.

심리학자 엘렌 랭어의 설명: Amanda Ie, Christelle T. Ngnoumen, and Ellen J. Langer, The Wiley Blackwell Handbook of Mindfulness (Hoboken, NJ: Wiley, 2014), 11–26.

랭어의 연구 결과: Ie et al., The Wiley Blackwell Handbook of Mindfulness, 11–26.

내면의 비판자를 잠재우기: Adapted with permission from Sharon Salzberg, Real Happiness: The Power of Meditation (New York: Workman, 2011), 163–164.

스트레스에 대한 맥고니걸의 생각이 바뀐 계기: Kelly McGonigal, The Upside of Stress: Why Stress Is Good for You, and How to Get Good at It (New York: Avery, 2016), 2–3.

맥고니걸의 설명: McGonigal, Upside of Stress, 87.

2장

명상을 실천하지 않는 사람: Elizabeth Lesser, The Seeker's Guide: Making Your Life a Spiritual Adventure (New York: Villard, 2000), 97.

심리학자 다니엘 골먼, 신경과학자 리처드 데이비슨의 연구 결과: Goleman and Davidson, Altered Traits, 74.

나의 경험: Trudy Goodman, interview with the author, February 20, 2018.

가장 흔한 변명 사유: Goleman and Davidson, Altered Traits, 276.

마음챙김 강사 샤론 샐즈버그: Sharon Salzberg, interview with the author, January 18, 2018.

존 카밧진의 언급: Jon Kabat-Zinn, "Creating Connections III," Resilience Through Connection Conference, Efteling, Netherlands, April 16, 2015.

명상 수련의 다양한 종류: Antoine Lutz, Heleen A. Slagter, and Richard J. Davidson, "Attention Regulation and Monitoring in Meditation," Trends in Cognitive Sciences 12, no.4 (2008): 163-169.

시인 다이앤 애커먼의 언급: Diane Ackerman, interview with the author, January 23, 2017.

마음챙김의 세 번째 유형, 연민: David R. Vago and David A. Silbersweig, "Self-Awareness, Self-Regulation, and Self-Transcendence (S-ART): A Framework for Understanding the Neurobiological Mechanisms of Mindfulness," Frontiers in Human Neuroscience 6 (October 2012): 296.

자애명상: Barbara L. Fredrickson, Michael A. Cohn, Kimberly A. Coffey, Jolynn Pek, and Sandra M. Finkel, "Open Hearts Build Lives: Positive Emotions, Induced Through Loving- Kindness Meditation, Build Consequential Personal Resources," Journal of Personality and Social Psychology 95, no. 5 (August 2011): 1045-1062; Cendri A. Hutcherson, Emma Seppala, and James J. Gross, "The Neural Correlates of Social Connection," Cognitive, Affective, and Behavioral Neuroscience 15, no.1 (July 2014): 1-14.

명상에 포함되는 영역: Goleman and Davidson, Altered Traits.

마음챙김 강사 샤론 샐즈버그의 언급: Sharon Salzberg, interview with the author, January 18, 2018.

불안과 스트레스는 연관돼 있다: Goleman and Davidson, Altered Traits, 87-88.

집중하는 연습의 효과: Siegel, Aware.

3분 호흡법: John Teasdale, Mark Williams, and Zindel Segal, The Mindful Way

샐즈버그가 언급한 미니 명상의 효과: Sharon Salzberg, Real Happiness: The Power of Meditation (New York: Workman, 2011), 56.

타라 브랙의 연구 결과: Tara Brach, "The RAIN of Self-Compassion," https://www.tarabrach.com/selfcompassion1/; Radical Compassion: Learning to Love Yourself and Your World with the Practice of RAIN (New York: Penguin Press, 2019).

RAIN 명상법의 N이 의미하는 것: Brach, "The RAIN of Self-Compassion," https://www.tarabrach.com/selfcompassion1/; Radical Compassion. Workbook: An 8-Week Program to Free Yourself from Depression and Emotional Distress (New York: Guilford Press, 2014), 208.

심리학자 로런스 바살루의 연구 결과: Lawrence Barsalou, unpublished research presented at the Mind and Life Summer Institute, Garrison Institute, New York, New York, June 9, 2019.

고통 감소를 위한 행동: Helen Riess with Liz Neporent, The Empathy Effect: Seven Neuroscience-Based Keys for Transforming the Way We Live, Love, Work, and Connect Across Differences (Boulder, CO: Sounds True, 2018). Paul Gilbert points out in The Compassionate Mind: A New Approach to Life's Challenges (Oakland, CA: New Harbinger, 2010) that cultivating empathy and compassion enables us to be present and remain receptive without becoming reactive. Sometimes just bearing witness to suffering— in other words, being open to another's pain with care and concern— helps reduce isolation, and in that way soothes the sufferer.

엘리사 에펠, 엘리자베스 블랙번의 연구: Blackburn and Epel, The Telomere Effect, 76.

근무 스트레스는 텔로미어 길이 감소에 영향을 미치지 않는다: Elissa Epel, "Cultivating Stress Resilience: The Science of Renewal," lecture, 1440 Multiversity, Scotts Valley, California, April 20, 2018.

기능적, 구조적 통합을 평가하는 또 다른 방법: Siegel, Aware.

중독은 도파민 수치의 급격한 변화를 수반한다: Judson Brewer, The Craving Mind.

작가 겸 자칭 '행복 전도사' 그레첸 루빈: Gretchen Rubin, The Four Tendencies: The Indispensable Personality Profiles That Reveal How to Make Your Life Better (and Other People's Lives Better, Too) (New York: Harmony Books, 2017).

마음챙김 리더 샤론 샐즈버그의 충고: Sharon Salzberg, interview with the author, January 18, 2018.

위스콘신대학교의 연구진: Goleman and Davidson, Altered Traits, 76.

지속 가능한 명상 수련 방법: Blackburn and Epel, The Telomere Effect, 76.

내면의 비판자를 잠재우기: Adapted with permission from Sharon Salzberg, Real Happiness: The Power of Meditation (New York: Workman, 2011), 163-164.

3장

산지브 초프라, 지나 빌드의 설명: Sanjiv Chopra and Gina Vild, The Two Most Important Days: How to Find Your Purpose— and Live a Happier, Healthier Life (New York: Thomas Dunne, 2017), 9-10.

우리가 추구하는 것의 방향: Barbara Bradley Hagerty, Life Reimagined: The Science, Art, and Opportunity of Midlife (New York: Riverhead Books, 2017), 133.

윌리엄 데이먼: William Damon, The Path to Purpose: How Young People Find Their Calling in Life (New York: First Free Press, 2009), 31.

행복은 선택이다: Chopra and Vild, The Two Most Important Days, 10.

행동 과학자가 언급한 목적의 사례: Victor J. Strecher, Life on Purpose: How Living for What Matters Most Changes Everything (San Francisco: HarperOne, 2016), 11.

프랭크 마텔라, 마이클 스티거의 설명: Martela and Steger, "The Three Meanings of Meaning in Life," 534.

삶의 목적과 의미에 대한 심리학자들의 언급: Kendall Cotton Bronk, Patrick L. Hill, Daniel K. Lapsley, Tasneem L. Talib, and Holmes Finch, "Purpose, Hope, and Life Satisfaction in Three Age Groups," Journal of Positive Psychology 4, no.6 (2009): 500-510.

나이의 앞자리가 바뀌는 사람들에 대한 연구: Adam L. Alter and Hal E. Hershfield, "People Search for Meaning When They Approach a New Decade in Chronological Age," Proceedings of the National Academy of Sciences 111, no.48 (December 2014): 17066-17070.

과거와 현재, 미래의 점에 대한 스티브 잡스의 언급: Steve Jobs, "'You've Got to Find

What You Love,' Jobs Says," Stanford News, June 12, 2005, https://news.stanford.edu/2005/06/14/jobs-061505/.

연령대와 상관없이 누구나 가질 수 있는 삶의 목적: Stacey M. Schaefer, Jennifer Morozink Boylan, Carien M. van Reekum, Regina C. Lapate, Catherine J. Norris, Carol D. Ryff, and Richard J. Davidson, "Purpose in Life Predicts Better Emotional Recovery from Negative Stimuli," PLOS One 8, no.11 (November 2013): 1–9.

잘못된 세 가지 믿음: Heather Malin, Teaching for Purpose: Preparing Students for Lives of Meaning (Cambridge, MA: Harvard Education Press, 2018), 30.

목적에 대한 말린의 설명: Heather Malin, Teaching for Purpose: Preparing Students for Lives of Meaning (Cambridge, MA: Harvard Education Press, 2018), 30.

목적의 속성: Damon, Path to Purpose, 34.

세계가치조사의 연구 결과: Ron Inglehart et al. (eds.), "World Values Survey: Round Six—Country-Pooled Datafile Version," 2014, http:// www.worldvaluessurvey.org/WVSDocumentationWV6.jsp.

남학생들은 자신의 평균학점을 과대 평가한다: Tara Sophia Mohr, "Why Women Don't Apply for Jobs Unless They're 100% Qualified," Harvard Business Review, August 25, 2014, https://hbr.org/2014/08/why-women-dont-apply-for-jobs-unless-theyre-100-qualified.

구직 시 60퍼센트의 남학생들이 취하는 태도: Sheryl Sandberg, "Why We Women Have Too Few Women Leaders," filmed 2010 in Washington, D.C., TEDWomen video, 14:51, https://www.ted.com/talks/sheryl_sandberg_why_we_have_too_few_women_leaders/up-next?language=en.

인도에서 성장한 신경과학자 아미쉬 자: Amishi Jha, interview with the author, November 8, 2017.

연구소장으로서의 활동: Amishi Jha, interview with the author, November 8, 2017.

호스피스 간호사 브로니 웨어가 언급한 죽음 앞둔 사람들의 다섯 가지 후회: Bronnie Ware, The Top Five Regrets of the Dying: A Life Transformed by the Dearly Departing (Carlsbad, CA: Hay House, 2012).

버락 오바마에 대한 미셸 오바마의 생각: Michelle Obama, Becoming (New York: Crown, 2018), 131–132.

미셸의 깨달음: Obama, Becoming, 132.

조안 할리팩스의 언급: Joan Halifax, Standing at the Edge: Finding Freedom Where Fear and Courage Meet (New York: Flatiron Books, 2018), 195–196.

소셜 미디어와의 상관관계: Jenna L. Clark, Sara B. Algoe, and Melanie C. Green, "Social Network Sites and Well-Being: The Role of Social Connection," Current Directions in Psychological Science 27, no.1 (2018): 32–37.

통합을 인정하지 않으면 혼란을 겪을 수밖에 없다: Daniel J. Siegel, Mind: A Journey to the Heart of Being Human (New York: W. W. Norton, 2017).

감사에 대한 달라이 라마의 언급: His Holiness the Dalai Lama and Archbishop Desmond Tutu, with Douglas Abrams, The Book of Joy: Lasting Happiness in a Changing World (New York: Avery, 2016), 249.

윌리엄 데이먼의 언급: Damon, The Path to Purpose, 141.

감사와의 깊은 연관성: "In Praise of Gratitude," Harvard Mental Health Letter, November 2011, https:// www.health.harvard.edu/newsletter_article/in-praise-of-gratitude.

세 그룹의 참가자를 대상으로 한 연구 결과: Robert A. Emmons and Michael E. McCullough, "Counting Blessings Versus Burdens: An Experimental Investigation of Gratitude and Subjective Well-Being in Daily Life," Journal of Personality and Social Psychology 84, no.2 (2016): 377–389.

심리치료 환자들을 대상으로 한 연구 결과: Y. Joel Wong, Jesse Owen, Nicole T. Gabana, Joshua W. Brown, Sydney McInnis, Paul Toth, and Lynn Gilman, "Does Gratitude Writing Improve the Mental Health of Psychotherapy Clients? Evidence from a Randomized Controlled Trial," Psychotherapy Research 28, no. 2 (2018): 192–202.

봉사활동은 인지 능력 저하 속도를 늦춘다는 연구 결과: Demetria Gallegos, "Research Finds Volunteering Can Be Good for Your Health," Wall Street Journal, April 22, 2018.

이타적인 이유가 아닌 이기적인 이유로 하는 봉사활동의 효과: Sara Konrath, Andrea Fuhrel- Forbis, Alina Lou, and Stephanie Brown, "Motives for Volunteering Are Associated with Mortality Risk in Older Adults," Health Psychology 31, no.1 (2012): 87, cited in Hagerty, 300n40.

포용적인 사람들이 더 건강하다는 연구 결과: Dan P. McAdams, "Generativity in Midlife," in Margie E. Lachman, Handbook of Midlife Development (New York: Wiley, 2001), 295–443; Dan P. McAdams and Jen Guo, "Narrating the Generative Life," Psychological Science 26, no.4 (2015): 475–483.

댄 시겔의 연구 결과: Daniel J. Siegel, Aware: The Science and Practice of Presence (New York: TarcherPerigee, 2018), 249.

4장

두려움을 품고는 어떤 결정도 하지 말 것: Michelle Obama, Becoming (New York: Crown, 2018).

펩시코 전 회장 겸 CEO 인드라 누이: Julie Creswell, "Indra Nooyi, PepsiCo C.E.O. Who Pushed for Healthier Products, to Step Down," The New York Times, August 6, 2018, https://www.nytimes.com/2018/08/06/business/indra-nooyi-pepsi.html.

우리 뇌는 부정적인 것을 더 쉽게 떠올린다: Rick Hanson, Buddha's Brain: The Practical Neuroscience of Happiness, Love, and Wisdom (Oakland, CA: New Harbinger, 2009).

실험에서 주어진 질문: Eric Schmidt and Jonathan Rosenberg, How Google Works (New York: Grand Central, 2017); Susan Chira, "Why Women Aren't CEOs, According to the Women Who Almost Were," New York Times, July 23, 2017, https://www.nytimes.com/2017/07/21/sunday-review/women-ceos-glass-ceiling.html.

필자가 발견한 문구: Kameelah Janan Rasheed is the Brooklyn Library's 2019 Radin

Artist-in-Residence, https://www.artforum.com/interviews/kameelah-janan-rasheed-talks-about-her-work-at-the-brooklyn-public-library-79129.

심리학자 아모스 트버스키와 대니얼 카너먼의 성과를 기초로 한 연구: Daniel Kahneman won the Nobel Prize in economics science in 2002 for his research with Amos Tversky on prospect theory from 1971 to 1979 (Tversky was deceased by the time the Nobel was awarded). Erica Goode, "A Conversation with Daniel Kahneman; On Profit, Loss and the Mysteries of the Mind," New York Times, November 5, 2002, https://www.nytimes.com/2002/11/05/health/a-conversation-with-daniel-kahneman-on-profit-loss-and-the-mysteries-of-the-mind.html; Sabrina M. Tom, Craig R. Fox, Christopher Trepel, and Russell A. Poldrack, "The Neural Basis of Loss Aversion in Decision-Making under Risk," Science 315, no. 5811 (2007): 515–518.

1700년대 중반 세계 최초로 여성으로서 세계 일주에 성공한 잔 바렛: Ailsa Ross, "The Insouciant Heiress Who Became the First Western Woman to Enter Palmyra," Atlas Obscura, February 10, 2016, https://www.atlasobscura.com/articles/the-insouciant-heiress-who-became-the-first-western-woman-to-enter-palmyra.

1800년대 세계 최초로 여성으로서 해외 취재를 감행한 미국의 넬리 블리 기자: Rosemary J. Brown, "Top 10 Inspiring Female Adventurers," The Guardian, March 8, 2016.

지구상에서 그 어떤 것보다 신뢰할 수 있는 것: Gloria Steinem, My Life on the Road (New York: Random House, 2016), xxiii.

피보팅을 위한 시각화 연습: Adapted with permission from Signe Simon, PhD, and Simone Humphrey, PhD, at LOVELINK.co.

5장

장기적인 관점에서 바라보기: Krista Tippett, Becoming Wise: An Inquiry into the Mystery and Art of Living (New York: Penguin Press, 2016), 12.

"인생을 다시 산다면": Nadine Stair, Essay. Nadine Stair purportedly wrote this essay decades ago while she was 85 years of age and residing in Louisville, Kentucky. Nothing else is presently known about the author. The essay appears to have been inspired by a 1953 work by Don Herold (1889–1966) titled "I'd Pick More Daisies," which in turn may have been inspired by an essay by Jorge Luis Borges (1899–1986) titled "Moments." A similar and more recent essay, also titled "If I Had My Life to Live Over," was written by Erma Louise Bombeck (1927–1996).

기자 겸 레인지 팟캐스트 공동 진행자 웨스터벨트의 언급: Amy Westervelt, "Having It All Kinda Sucks," Huffington Post, February 15, 2016, https://www.huffpost.com/entry/having-it-all-kinda-sucks_b_9237772.

웨스터벨트가 논쟁을 암시한 내용: Sheryl Sandberg, Lean In: Women, Work, and the Will to Lead (New York: Knopf, 2013).

셰릴 샌드버그의 남편 사후: Sheryl Sandberg and Adam Grant, Option B: Facing Adversity, Building Resilience, and Finding Joy (New York: Knopf, 2017), 71–72.

슬로터가 부모세대 여성으로부터 받는 질책: Anne-Marie Slaughter, "Why Women Still Can't Have It All," The Atlantic, July, August 2012, https://www.theatlantic.com/magazine/archive/2012/07/why-women-still-cant-have-it-all/309020/.

84퍼센트의 경영진: Korn Ferry International Survey, 2014, https://www.kornferry.com/press/15179.

공간을 만드는 것: Ferris Jabr, "Why Your Brain Needs More Downtime," Scientific American, October 15, 2013, https://www.scientificamerican.com/article/mental-downtime/.

사회학자 크리스틴 카터는 우리가 거절하는 법을 배우지 못했다고 언급한다: Christine Carter, The Sweet Spot: How to Find Your Groove at Home and Work (New York: Ballantine Books, 2015), 83.

메리 파이퍼가 언급한 첫 거절의 경험: Mary Pipher, "Flourishing as We Age," keynote address at "Therapy in a Challenging World," Psychotherapy Networker Symposium, Washington, D.C., March 22, 2019.

시어머니 수가 선언한 거절하는 삶: Sue Siegel, interview with the author, August 18,

2018.

사회학자 크리스틴 카터: Carter, The Sweet Spot; Christine Carter, Raising Happiness: 10 Simple Steps for More Joyful Kids and Happier Parents (New York: Ballantine Books, 2010).

우리 뇌는 멀티태스킹 능력이 없다: Daniel Goleman and Richard J. Davidson, Altered Traits: Science Reveals How Meditation Changes Your Mind, Brain, and Body (New York: Avery, 2017), 137.

컴퓨터 과학자 칼 뉴포트의 언급: Shankar Vedantam, "Hidden Brain: Researchers Delve into Improving Concentration," NPR, January 25, 2018, https:// www. npr.org/2018/01/25/580577161/hidden-brain-researchers-delve-into-improving-concentration.

스케줄링에 대한 뉴포트의 조언: Cal Newport, Deep Work: Rules for Focused Success in a Distracted World (New York: Grand Central, 2016).

모바일 기기 사용에 대한 연구 결과: Varoth Chotpitayasunondh and Karen M. Douglas, "How 'Phubbing' Becomes the Norm: The Antecedents and Consequences of Snubbing via Smartphone," Computers in Human Behavior 63 (October 2016): 9–18.

고피 칼라일의 주도적 행보: Gopi Kallayil and Pico Iyer, "The Art of Stillness in the Digital Age," Wisdom 2.0 Conference, San Francisco, February 27–March 1, 2015.

온라인 커뮤니케이션에 대한 연구 결과: Erin Reid and Lakshmi Ramarajan, "Managing the High-Intensity Workplace," Harvard Business Review, June 2016, https://hbr.org/2016/ 06/managing-the-high-intensity-workplace.

모바일 기기 사용에 대한 법적 제한: David Z. Morris, "New French Law Bars Work Email After Hours," Fortune, January 1, 2017, https://fortune.com/2017/01/01/french-right-to-disconnect-law/.

칼라일의 조어 이너넷(Inner-net): Gopi Kallayil, The Internet to the Inner-Net: Five Ways to Reset Your Connection and Live a Conscious Life (Carlsbad, CA: Hay House 2016), xxii.

칼라일이 언급한 가장 중요한 기술: Gopi Kallayil, "Connect with Your 'Inner-Net': Living and Working with Purpose," November 19, 2015, https:// knowledge. wharton.upenn.edu/article/connect-with-your-inner-net-living-and-woring-with-purpose/.

아리아나 허핑턴이 즐기는 아침의 기쁨: Arianna Huffington, "Preventing Burnout and Recharging Your Batteries, Bulletproof Blog, January 31, 2017, https:// blog.bulletproof.com/preventing-burnout-recharging-batteries-arianna-huff-ington-384/.

인간의 부정적 편견: Rick Hanson, Buddha's Brain: The Practical Neuroscience of Happiness, Love, and Wisdom (Oakland, CA: New Harbinger, 2009).

60대 이후의 행복지수: Laura L. Carstensen, A Long Bright Future: Happiness, Health, and Financial Security in an Age of Increased Longevity (New York: Broadway Books, 2009), 5.

심리학자 로라 카스텐슨이 언급한 행복: Laura L. Carstensen, Bulent Turan, Susanne Scheibe, Nilam Ram, Hal Hirshfield, Gregory R. Samanez-Larkin, Kathryn P. Brooks, and John R. Nesselroade, "Emotional Experience Improves with Age: Evidence Based on over Ten Years of Experience Sampling," Psychology and Aging 26, no.1 (2011): 21-33, cited in Hagerty, 139n24.

카스텐슨, "인간은 노년기로 갈수록 행복지수가 높아진다": Deborah Netburn, "The Aging Paradox: The Older We Get, the Happier We Are," Los Angeles Times, August 24, 2016, https://www.latimes.com/science/sciencenow/la-sci-sn-older-people-happier-20160824-snap-story.html.

중년기와 노년기에 대한 연구 결과: Barbara Bradley Hagerty, Life Reimagined: The Science, Art, and Opportunity of Midlife (New York: Riverhead Books, 2017), 5.

바버라 헤거티가 40대, 50대, 60대에 관해 언급한 내용: Hagerty, Life Reimagined, 4-5.

헤거티가 추가적으로 언급한 내용: Hagerty, Life Reimagined, 22.

헤거티의 설명: Hagerty, Life Reimagined, 5.

신경과학자 리처드 데이비슨의 언급: Barbara Bradley Hagerty interview of Richard

Davidson, in Hagerty, Life Reimagined, 235.

메리 파이퍼가 『나는 내 나이가 참 좋다』에서 언급한 내용: Mary Pipher, Women Rowing North (New York: Bloomsbury, 2019), 1, 3.

옮긴이 **최윤영**

한국외국어대학교 통번역대학원 한영과를 수료하였으며 미국 방송국 Voice of America와 기업체에서 다년간 번역 업무를 하였다. 현재 번역에이전시 엔터스코리아에서 전문 번역가로 활동하고 있다. 주요 역서로는 『두려움 없는 조직』 『나를 함부로 판단할 수 없다』 『누가 창의력을 죽이는가』 『큐레이션』 『5세부터 시작하는 철학』 『역사를 바꾼 50가지 전략』 등이 있다.

마음챙김이 일상이 되면 달라지는 것들

초판 1쇄 발행 2021년 4월 26일
초판 6쇄 발행 2024년 2월 19일

지은이 캐럴라인 웰치 **옮긴이** 최윤영

발행인 이봉주 **단행본사업본부장** 신동해
편집장 조한나 **책임편집** 이혜인 **디자인** 정은경디자인
마케팅 최혜진 이인국 **홍보** 반여진 허지호 정지연 송임선
국제업무 김은정 김지민 **제작** 정석훈

브랜드 갤리온
주소 경기도 파주시 회동길 20
문의전화 031-956-7208 (편집) 031-956-7089 (마케팅)
홈페이지 www.wjbooks.co.kr
인스타그램 www.instagram.com/woongjin_readers
페이스북 https://www.facebook.com/woongjinreaders
블로그 blog.naver.com/wj_booking

발행처 ㈜웅진씽크빅
출판신고 1980년 3월 29일 제406-2007-000046호

한국어판출판권ⓒ㈜웅진씽크빅 2021
ISBN 978-89-01-25004-5 03180